ENDURO
MOTO-CROSS

ENDURO MOTO-CROSS

Geländetraining spezial

Wolfgang Eschment
Ehrenfried Pieles

Sportverlag Berlin

Fachliche Unterstützung:
Horst Schmerze und *Steffen Mauersberger*,
Enduro-Nationalmannschaftstrainer
Harald Sturm,
Ex-Enduro-Welt- und Europameister auf MZ
Fachkommission Moto-Cross des ADMV

Für kritische Hinweise und fachliche Anregungen
sind wir jederzeit dankbar.

ISBN 3-328-00330-4

Erste Auflage
9069
Lektor: Bernd Jänicke
Illustrationen: Hans-Jürgen Malik
Fotos: Archiv 1, Baumann 4, Beyer 1, Eschment 31, Fischer 2, Geyler 1, Höhne 36, G. Müller 1, Ottinger 24, Pieles 7, Schlage 2, Sickert 7, Sollner 3, Walther 1, Werkfoto KTM 1, Werkfoto MZ 1, Wukasch 10
Titelfoto: Wolfgang Eschment
Einband: Hans-Jürgen Malik

Lichtsatz: Interdruck GmbH Leipzig
Druck und Binden: Druckerei „Hermann Duncker“, Leipzig III/18/138
Redaktionsschluß: 31.8.1989
671 832 5

Enduro

Unser Thema

sind die zweirädrigen Gelände-Bestseller Enduro und Moto-Cross. Wir bieten eine umfassende Trainingsanleitung zur Konditionierung, viele praktische Fahrtips und spezielle Hinweise für den Wettkampf. Außerdem erfährt der Leser Nützliches über die Wartung des Sportmotorrads.

Moto-Cross

Für junge Zweiradfans,

die sich einer besonderen motorsportlichen Herausforderung stellen wollen, ist dies das richtige Buch – egal, ob es ihnen „nur“ um einen qualifizierteren Freizeitspaß oder um hohen sportlichen Lorbeer geht. Aber auch Fortgeschrittene und Trainer können von dem Dargebotenen profitieren. Und natürlich darf der Verkehrssicherheitsaspekt nicht vergessen werden: Mokick- und Motorradanfängern kann man zur Verbesserung ihrer Fahrfertigkeiten nichts Besseres empfehlen als einige Übungsstunden im Gelände.

Wolfgang Eschment
Dr. Ehrenfried Pieles

Definitionen, Wettkampfregeln und etwas Geschichte

Was ist Enduro?

Der Begriff *Enduro* ist in den letzten Jahren zu einem Allerweltsslogan geworden, mit dem in der motorsportlichen Zweiradszene alles mögliche etikettiert wird. Genau betrachtet, ist er aber nichts anderes als die moderne Bezeichnung für den *klassischen Motorradgeländesport*, der sich wieder großer Beliebtheit erfreut. Dieser Zusammenhang erschließt sich eigentlich schon durch den Ursprung des Wortes: Enduro kommt aus dem Spanischen und läßt sich etwa mit *hartmachen, ertragen, erdulden* übersetzen.

Damit sind die wichtigsten Stichworte gefallen, denn laut international üblicher Definition ist Enduro eine Motorsportdisziplin, bei der die *„Zuverlässigkeit der Motorräder und das Können der Fahrer“* geprüft werden sollen. Auf die Akteure warten konditionszehrende Langstreckendistanzen zwischen 150 und 300 Kilometer pro Wettkampftag!

Ausschließlich wird mit Solomaschinen gefahren, und die Wettbewerbe sind in der Regel als Ein- oder Zweitageveranstaltungen organisiert. Die Strecke selbst – durchgängig mit Zeichen (z. B. Richtungspfeilen) markiert – führt über öffentliche Wege und Straßen sowie durch Gelände mit unterschiedlichsten Schwierigkeitsgraden. Knietiefer Sand, Geröll gröbster Sorte, Schlammpassagen, holpriges Wurzelwerk oder steile Auf- und Abfahrten – alles ist möglich.

Enduro-Wettbewerbe sind jedoch keine Geländerennen, bei denen der Gasgriff ständig bis zum Anschlag geschraubt wird. Hier ist vielmehr *Vielseitigkeit* das A und O. Entscheidend für die Plazierung: die Einhaltung der vorgegebenen Sollzeiten während der *Zuverlässigkeitsfahrt* und die benötigte Fahrzeit in den *Sonderprüfungen*. Vollgas ist also (im Gegensatz zum Moto-Cross) nur auf ganz bestimmten Abschnitten angesagt.

Dafür ist Enduro sehr spannend, denn es geht immer ins Ungewisse: Vor dem offiziellen Start ist das Befahren der Wettbewerbsstrecke bei Strafe des Ausschlusses verboten. Die genaue Beschaffenheit des Geländes läßt sich zunächst nur erahnen. Die Überraschungen gibt es dann unterwegs.

Mit den Fahrzeiten ist es ähnlich. Sie entsprechen – je nach Geländezustand und Witterungsbedingungen – *Durchschnittsgeschwindigkeiten zwischen 35 und 50 km/h* und sollen normalerweise für alle Akteure zu schaffen sein. *A-Zeit* für schönes Wetter, *B-Zeit* für schlechtes Wetter. Doch der Spielraum bleibt groß: Was für die Elite

Jagd über konditionszehrende Langstrecken-Distanzen: Enduro

Bummelei ist, kann für unerfahrene Nachwuchspiloten schon zu einer Dauerhatz werden.

Geschick und Umsicht sind vonnöten, denn Unpünktlichkeit – das heißt die zu frühe oder zu späte Ankunft an den Zeitkontrollen – kann alle Siegeshoffnungen zunichte machen. Für jede volle, die Karenzzeit (1 Minute) überschreitende Minute gibt es beispielsweise 60 *Strafpunkte.*

Übrigens: Bei Enduro-Wettbewerben wird quasi einzeln gestartet. Zwar haben in der Regel zwei oder drei Fahrer dieselbe Startzeit, doch man fährt nicht genau zusammen los. Schon deshalb nicht, weil die Motorräder nicht in jedem Fall beim ersten Kickstartertritt anspringen.

Den Fahrern ist es streng untersagt, sich auf der Wettkampfstrecke in irgendeiner Form begleiten zu lassen. Unterwegs ist jeder Akteur ganz auf sich allein gestellt.

Was hat es mit den Sonderprüfungen auf sich? Sie wurden deshalb eingeführt, weil die reine Zuverlässigkeitsfahrt zwischen den Zeitkontrollen nicht mehr ausreichte, um ein gutklassiges Fahrerfeld zu „demontieren“, also die Spreu vom Weizen zu trennen, wie es so schön heißt.

Pünktlichkeit ist gefragt:
Zeitkontrolle

Mit Übersicht und Tempo durch unbekanntes Gelände

Schon am Morgen beim Start erfolgt eine *Startprüfung*, bei der das Motorrad innerhalb einer Minute in Gang gebracht und mit Motorkraft eine 20 Meter entfernte Linie überfahren werden muß.

Innerhalb jeder Veranstaltung sind zudem Gelände-Geschwindigkeitsprüfungen vorgeschrieben, die Moto-Cross-Charakter haben. Internationale Enduro-Wettbewerbe enthalten überdies eine sogenannte *Spezialprüfung* (Bergprüfungs- oder Crossform), bei der Start und Ziel nicht identisch sind. Zu den *Six Days* (Mannschaftsweltmeisterschaft) gibt es sogar ein crossähnliches *Abschlußrennen* im Gelände, bei dem die Fahrer klassenweise gemeinsam (!) starten.

Die Auswertung der Enduro-Wettbewerbe ist ziemlich kompliziert. Sie kann erst nach Ankunft des letzten Fahrers im Ziel erfolgen, wenn nämlich alle Fahrerkarten vorliegen. Bei internationalen Veranstaltungen ist der Computer-Einsatz deshalb unumgänglich.

Noch einige Worte zu den *Motorrädern*. Wie kann ihre Zuverlässigkeit über lange Distanzen unbestechlich kontrolliert werden? Ganz einfach: Die funktionswichtigsten Teile werden vor dem Start *mit Spezialfarbe markiert*, so daß ein unerlaubtes Auswechseln unterwegs nicht möglich ist: das *vordere Startnummernschild*, der *Motor*, die *Räder* und der *Rahmen*. Alles andere darf ausgetauscht werden. Aber: Bei Reparaturen ist es dem Fahrer verboten, fremde Hilfe in Anspruch zu nehmen. Er muß alle Schäden selbst beheben. Mechaniker und Betreuer dürfen nur Kraftstoff nachtanken und Reifenluft geben.

Wichtig ist, daß auch die speziellen Enduro-Kräder von heute generell *für den Straßenverkehr zugelassen* sind. Sie müssen deshalb nach wie vor nach den Bestimmungen der Straßenverkehrs-Zulassungsordnung gebaut werden. Sie tragen also vorn einen Mini-Scheinwerfer und hinten ein Rücklicht und ein Nummernschild mit polizeilichem Kennzeichen. Auch Tacho und Hupe sind Pflicht.

Ansonsten haben die Wettbewerbs-Enduros mit den Alltagsmotorrädern nicht mehr viel gemein. Immer enger wird hingegen ihre Verwandtschaft zu den reinrassigen Moto-Cross-Rennern: Hochleistungsmotoren, Wasserkühlung, Leichtbaurahmen, Scheibenbremsen und Federwege jenseits der 300 Millimeter.

Ein Letztes: Natürlich lassen sich auch interessante *Serientechnik-Wettbewerbe* organisieren. Gemeint sind Enduro-Veranstaltungen, bei denen mit handelsüblichen Mokicks oder Motorrädern gefahren werden kann. Vorausgesetzt, das Anforderungsprofil – Streckenlänge, Fahrzeiten usw. – wird den technischen Potenzen der Maschinen (und den Fähigkeiten der Akteure!) vernünftig angepaßt.

Mit Motorkraft über die Linie: Startprüfung

Kampf um Zehntelsekunden: Moto-Cross-Prüfung

Hektik vor dem Ziel: Reifenwechsel

Vorgeschrieben: Nummernschild mit polizeilichem Kennzeichen

Zielankunft: Sofort wird die Unversehrtheit der Markierungen überprüft (links)

Enduro-Motorräder: KTM 250 EGS ’90 und MZ GS 500

Anfang und immer noch Höhepunkt: Six Days

Der Enduro-Sport ist fast so alt wie unser Jahrhundert. Kaum hatte das Motorrad richtig laufen gelernt, da bekam es bereits bei Geländejagden die Sporen. Zu einer Zeit, als alle Wege noch miserabel und die „Schnauferl" fast federungslos waren. Benzin und Öl erhielt der Zweirad-Pionier in der Apotheke.

Es war im Jahre *1913*, als die Engländer, damals bereits führend im Motorradgeländesport, die *Internationale Sechstagefahrt*, die *Six Days*, ins motorsportliche Leben riefen. Ziel dieses Mammutwettbewerbes sollte es sein, die „Zuverlässigkeit der Motorräder und das Können der Fahrer" zu prüfen. An dieser Maxime, die wir bereits erwähnt haben, hat sich tatsächlich bis zum heutigen Tage nichts geändert.

Die britische Fahrrad- und Motorradhersteller- und Handelsunion stiftete zur Premiere einen Wanderpreis, die *FIM-World-Trophy*. Die Original-Trophäe wurde 1949 durch einen antiken Silberpokal mit Deckel, der aus der Zeit des englischen Königs Georg III. stammt, ersetzt. Im Jahre 1923 kam auf Vorschlag der Königlich holländischen Motorradfahrer-Föderation der Wettbewerb um die *Internationale Silbervase* hinzu, der seit 1985 auch die Bezeichnung *Junior-World-Trophy* trägt.

Bereits seit 1970 stehen die Six Days offiziell im Rang einer *Weltmeisterschaft für Mannschaften.* Dabei waren es 1913 gerade 50 Fahrer, die im britischen Carliste das erste Sechstagefahrt-Abenteuer in Angriff nahmen. Und die zehn Akteure, die seinerzeit gesund und munter das Ziel erreichten, wurden gefeiert wie Helden der Nation. Zum Vergleich: 1989 starteten in der Bundesrepublik Deutschland zu den 64. Six Days 497 Fahrer aus 25 Ländern!

Enduro ist sogar in Übersee zum PS-Bestseller avanciert, beispielsweise in den USA, in Kanada und in Peru. Selbst in Australien hat es viele Fans gefunden. Fest steht, daß es die Sechstagefahrten waren, die den Motorradgeländesport nach und nach weltweit populär machten. Wobei die klassische Periode eigentlich 1960 zu Ende ging, als man nämlich die ursprüngliche Form aufgab und die Sonderprüfungen einführte. Logische Folge: Die Tempojagd schob sich in den Vordergrund, und die Motorräder mußten dazu wesentlich leichter, handlicher und vor allem leistungsstärker gemacht werden.

Seit 1968 gab es auch jährlich eine *Enduro-Europameisterschaftsserie mit Einzelwertung.* Mit Beginn des Jahres 1990 ist die Europameisterschaft durch eine *Einzel-Weltmeisterschaftsserie* ersetzt worden. In

Am begehrtesten: Trophy (links) und Silbervase (rechts)

Six-Days-Teilnehmer aus Übersee: Richard Nielsen (Australien) und Drew Smith (USA)

Silbervasen-Sieger 1987: Udo Grellmann (MZ 500), Mike Heydenreich (MZ 250), Danilo Pörschke (Simson 125), Thomas Bieberbach (Simson 80) und Trainer Horst Schmerze (v. l.)

zahlreichen Ländern werden nationale Titelkämpfe ausgetragen. Vorgeschriebenes Mindestalter für den Enduro-Start, der einen Motorrad-Führerschein voraussetzt: 16 Jahre.

Trophymannschaft: sechs Fahrer, deren Motorräder mindestens vier verschiedenen Hubraumklassen angehören müssen.

Silbervasenmannschaft (Junioren): vier Fahrer unter 23 Jahre, deren Motorräder mindestens zwei verschiedenen Hubraumklassen angehören müssen.

Was ist Moto-Cross?

„Moto-Cross ist ein *Geschwindigkeitswettbewerb im Gelände*, der auf einem abgesteckten Rundkurs durchgeführt wird. Die höchste Durchschnittsgeschwindigkeit darf 50 km/h nicht überschreiten." Dies ist die trocken-nüchterne Kurzdefinition für ein aufregendes, knallhartes, ja geradezu wildes Geschehen, das in der Gunst der Zweirad-Enthusiasten ganz oben steht. Moto-Cross ist quasi ein *Geländerennen*. Der Schnellste gewinnt.

Natürlich läßt sich Moto-Cross auch gefühlsbetonter beschreiben. „Das ist Vollgas-Artistik pur", hat mal jemand gesagt. Artistik, die in jeder Sekunde anders aussieht. Denn das ist die Tücke des Tuns: Der richtige Strich, der fast nie der Ideallinie eines Straßenfahrers entspricht, ist das verschlüsselte Geheimnis einer jeden Geländepiste. Schlußfolgerung: Wichtig sind die Pferdestärken unter der Sitzbank, aber noch wichtiger ist der Stil, mit dem sie beherrscht werden. Der Stil, an dem die Fans ihre Idole auch dann noch auf Anhieb erkennen, wenn sich die Startnummern unter Dreck und Schlamm nur noch ahnen lassen.

Was kann den Fahrer unterwegs auf der Strecke alles erwarten? Generell: Ein bestimmtes Schwierigkeitsniveau ist vorgeschrieben. Es gibt die unterschiedlichsten Geländeböden, steile Auf- und Abfahrten, viele knifflige Kurven, hinterhältige Sprunghügel und unter Umständen auch Wasser und Schlamm. Da ist Sattelfestigkeit gefragt! Über eine halbe Stunde lang. Die Runden scheinen immer länger zu werden, die Arme auch. Zwischen den Zähnen knirscht der Sand.

Und wie sind die *Regeln*? Die Wettkampfstrecke ist ein geschlossener *Rundkurs* zwischen 1500 und 4000 Meter Länge. Der Start erfolgt als *Massenstart (!)* mit laufendem Motor an einer sogenannten *Startmaschine*. Das ist ein abklappbares Stahlrohrgitter, das schräg vor den auf ihren Motorrädern sitzenden, nebeneinander aufgereihten Fahrern steht und mit dem Startzeichen zu Boden fällt und damit den Weg freigibt. Wichtig: Die Startposition richtet sich nach den im Training erzielten Zeiten.

Alle Moto-Cross-Wettbewerbe bestehen aus *zwei getrennten Rennen*. Dauer: jeweils 40 Minuten (national teilweise nur 30 Minuten) plus zwei Runden). Sieger ist jeweils der Fahrer, der als erster die Ziellinie überquert. Die folgenden Akteure werden nach ihm mit der schwarz-weiß-karierten Flagge abgewinkt. Die Punkteverteilung:

Startgedränge: Moto-Cross ist ein hartes Geschehen

An der ersten Ecke: Auf die richtige Spurwahl kommt es an

Sprünge gehören im Moto-Cross zum Standard-Repertoire

Nur voller Einsatz bringt Erfolg

1 Punkt für den Ersten, 2 Punkte für den Zweiten, 3 Punkte für den Dritten usw. Für die Veranstaltungswertung werden die Punkte aus beiden Rennen addiert. Der Fahrer mit der geringsten Punktzahl ist Sieger.

Während des Rennens ist jegliche fremde Hilfe auf der Strecke verboten. Technische Hilfeleistungen sind – durch die Mechaniker – nur an den gekennzeichneten Boxen möglich. Natürlich kann der Fahrer unterwegs mit dem mitgeführten Bordwerkzeug notwendige Reparaturen selbst durchführen.

Auch in Sachen Moto-Cross sind noch einige Bemerkungen zu den modernen Wettbewerbsmaschinen angebracht. Was sind ihre Merkmale? Die Motoren der Cross-Maschinen sind betont kraftvoll ausgelegt, und zwar über ein breites Drehzahlband. Sie garantieren sowohl viel „Druck von unten“ als auch Leistungsreserven im oberen Drehzahlbereich – moderne Steuerungssysteme machen es möglich. Hinzu kommt raffinierte Federungstechnik, die für den besten Bodenkontakt sorgt.

Bei den Spitzenkrädern sind Leistung, Handling und Bedienbarkeit so gegeneinander ausgewogen, daß ein effektives Tempo auch bei unterschiedlichster Streckenführung möglich ist. Von KTM (Österreich) bis Honda (Japan) – viele internationale Motorradfirmen haben Moto-Cross-Renner in ihrem Fertigungsprogramm.

Vielleicht begann es mit Cross-Country?

Über den Ursprung von Moto-Cross ist nur vage etwas bekannt. Es gibt die verschiedensten Auffassungen dazu, und manches davon gehört wohl in den Bereich der Legende. Sicher ist: Die Anfänge datieren aus den Jahren *zwischen 1918 und 1925.* Englische Soldaten tobten sich mit ihren Motorrädern beim *Cross-Country* (Querfeldeinrennen) im Gelände aus, und in Deutschland waren beispielsweise Berliner Motorsportler auf der Halbinsel Schildhorn mit urwüchsigen Cross-Veranstaltungen zu Gange.

International gewann Moto-Cross erst nach dem zweiten Weltkrieg an Bedeutung. Seit 1957 gibt es eine *Einzel-Weltmeisterschaft*, die derzeit in den Klassen bis 125, 250 und 500 cm^3 Hubraum sowie in der Gespann-Kategorie gefahren wird. Zudem wird eine Mannschaftsweltmeisterschaft („Moto-Cross der Nationen“) ausgetragen. Noch relativ jung sind hingegen *Stadion-* und *Hallen-Moto-Cross-Wettbewerbe*, die einen ganz speziellen Reiz haben. Seit 1988 läuft auch eine Junioren-Europameisterschaft (bis 21 Jahre).

Auch bei den Junioren gibt es schon Experten

In den Jahren 1966, 1967 und 1968 Moto-Cross-Weltmeister: Paul Friedrichs (DDR, S. 22)

Im Gegensatz zum Enduro-Sport ist beim Moto-Cross der richtige Wettkampf-Einstieg schon in der *Jugendklasse* möglich – mit dem Mindestalter von *12 Jahren* und einem Krad *bis 80 cm³ Hubraum.* Was natürlich günstig ist, denn auf diese Art und Weise können die jüngsten Cross-Eleven bereits frühzeitig Fahrsicherheit trainieren und das Gefühl fürs Gelände bekommen. Bei den *Junioren (ab 16 Jahre)* sind dann Maschinen *bis 125 cm³ Hubraum* gestattet.

Im nationalen *Meisterschafts-Seniorenbereich* (im Normalfall ab 18 Jahre) wird in den Klassen bis 125, 250 und 500 cm^3 Hubraum um die Titel gekämpft. Außerdem laufen hier ebenfalls die Wettbewerbe für *Motorräder mit Seitenwagen.*

Noch ein interessanter Tip für Moto-Cross-Anfänger: Neben den Titelkämpfen werden von den Motorsport-Clubs auch *Serien-Moto-Cross-Veranstaltungen* für junge Zweirad-Fans organisiert. Dort kann man erst einmal ohne großen Aufwand mit handelsüblichen Mokicks und Motorrädern starten. Garantiert ist dabei nicht nur ein zünftiger Zweirad-Spaß im Gelände, sondern auch ein hervorragendes Training der individuellen Lenkkünste. Einleuchtend: Die verbesserten Fahrfertigkeiten bringen für jeden Akteur ein deutliches Plus an *Verkehrssicherheit.*

Woran man vorher denken muß

Zweirädrige Geländedisziplinen – ganz spezielle Anforderungen

Für Zweirad-Enthusiasten sind Enduro und Moto-Cross *reizvolle Herausforderungen.* Mut, Körperbeherrschung, Kraft, Ausdauer, Reaktionsschnelligkeit und Risikobereitschaft, aber auch Selbstbeherrschung – alle diese Eigenschaften und Fähigkeiten sind notwendig, will man in den Geländedisziplinen erfolgreich sein. Darüber hinaus sind technisches Verständnis und etwas handwerkliches Können gefragt, weil das Sportgerät Motorrad, das in beiden Disziplinen ein echter Leistungsfaktor ist, fachgerechte Pflege und Wartung verlangt. Und natürlich muß auch leidenschaftliche Begeisterung mit im Spiel sein. Andererseits: Hemmungslose Raser sind fehl am Platze. Wenn der Kopf schneller heiß wird als der Motor, kommt man nicht weit.

Es gibt nur wenige Sportarten, die eine solche Vielfalt von Anforderungen an die Akteure stellen wie Enduro oder Moto-Cross. Dabei wird das Maß der Dinge durch die selbst gesteckten Ziele bestimmt. Qualifizierter Freizeitspaß oder leistungsorientierte Wettkampfteilnahme – das muß jeder für sich selbst entscheiden. Erfolge im Spitzenbereich jedenfalls verlangen eine perfekte Kondition, psychische Stärke, exzellente Fahrkünste und den unfehlbaren Blick für die beste Spur. All dies kann man trainieren.

Die wichtigsten Voraussetzungen

Körperliche Eignung

Welche persönlichen „Eckdaten“ sollte ein angehender Enduro- oder Moto-Cross-Akteur mitbringen? Wer ist für diese Disziplinen besonders prädestiniert? Die Fragen können auch noch zugespitzter gestellt werden: Soll der Fahrer groß sein, oder sind kleinere Körpermaße von Vorteil? Ist ein untersetzter athletischer Fahrer gefragt oder mehr ein schlanker Typ? *Generell:* Im Gegensatz zu vielen anderen Sportarten, die auf einen ganz bestimmten Körperbau-Typ fixiert sind, hat im Enduro oder Moto-Cross fast jeder die Chance, Leistungen zu vollbringen. Denn es ist ohne weiteres möglich, sich dem individuellen Körperbau entsprechende Fahrtechniken *anzutrainieren* und dann ganz vorn mitzufahren.

Eine reizvolle Herausforderung für Zweiradfans. Doch Begeisterung, Mumm und Kondition sind erforderlich

Mit nur 167 Zentimeter Körpergröße Mannschafts-Weltmeister: Harald Sturm (DDR/MZ 250)

Oft hört man die Meinung, daß größere Fahrer Vorteile hätten. Begründet wird dies mit den enorm gewachsenen Federwegen, die die Sitzhöhen der Geländemotorräder beachtlich nach oben verlagerten. Manch einer bekommt deshalb die Füße kaum noch auf den Boden. Doch die Erfahrungen der letzten Jahre haben gezeigt, daß kleinwüchsige Sportler diesen scheinbaren Nachteil durch eine angepaßte, ausgefeilte Fahrtechnik (insbesondere in Kurven und Spitzkehren) und Gewichtsvorteile mehr als wettmachen können.

Ebenso beobachtet man, daß weniger athletische, schlanke Sportler ihr „Handicap" durch einen eleganten, ökonomischen und kraftschonenden Fahrstil ausgleichen, andererseits Schwergewichtige ihren Mangel an Beweglichkeit und Gewandtheit durch einen druckvollen robust-geradlinigen (kräftezehrenden) Strich kompensieren. Sicher ist: Nach gezieltem Training kann jeder – etwas Talent vorausgesetzt – schnell fahren.

In Sachen Gesundheit allerdings verbieten sich jedwede Kompromisse. Ist die *Belastungsverträglichkeit* nicht ausreichend, sollte man die Enduro- oder Moto-Cross-Ambitionen aufgeben. Es hat keinen Sinn, sich einzureden, leistungsbegrenzende körperliche Leiden durch eine optimale Wettkampftechnik ausgleichen zu können – man wird nicht über ein Mittelmaß hinauskommen und sich selbst nicht wieder gutzumachenden Schaden zufügen. In dieser Hinsicht gelten darum eindeutige Festlegungen.

Grundsätzlich überprüft der verantwortliche Sportarzt die Eignung für den Enduro- oder Moto-Cross-Sport. Ohne die bescheinigte *Sporttauglichkeit* wird keine Startgenehmigung erteilt. Außerdem entscheidet vor jedem Wettbewerb ein Rennarzt, ob der Gesundheitszustand des jeweiligen Fahrers eine Teilnahme am Rennen zuläßt oder nicht.

Klar muß sein, daß bei bestimmten gesundheitlichen Beeinträchtigungen, zum Beispiel bei Erkrankungen der Wirbelsäule oder des Herz-Kreislauf-Systems, von vornherein keine Tauglichkeit gegeben ist. Zudem müssen eine ausreichende Sehschärfe und ein bestimmtes Hörvermögen gewährleistet sein.

Die vom Sportarzt bescheinigte Tauglichkeit wird auf dem Lizenzantrag attestiert.

Es hat übrigens keinen Sinn, die Blutgruppe mit großen leuchtenden Lettern an den Helm oder gar an das Motorrad zu malen. Erstens werden weder der Helm noch das Motorrad einem Verunfallten ins Krankenhaus mitgegeben oder nachgereicht, zweitens darf sich kein Arzt auf solch zweifelhafte Blutgruppendokumentation verlassen.

Zur *Tetanus-Schutzimpfung*: Die letzte Injektion darf nicht länger als zehn Jahre zurückliegen. Für Enduro- und Moto-Cross-Sportler wird sogar empfohlen, eine Zeitspanne von fünf Jahren zwischen den Wiederauffrischungsimpfungen einzuhalten.

Organisatorische Bedingungen

Erste organisatorische Vorbedingung dafür, daß sich ein junger Zweiradfan seinen Enduro- oder Moto-Cross-Traum erfüllen kann, ist die Unterschrift seiner Eltern. Noch nicht mündige Jugendliche benötigen die *schriftliche Einverständniserklärung des Erziehungsberechtigten.*

Zweite Voraussetzung ist der Besitz einer *Fahrerlizenz.* Wie kommt man dazu? Notwendig sind die Mitgliedschaft in einem Motorsport-Club, die Erfüllung eventuell vorgeschriebener Qualifikationsnormen, der Nachweis der erwähnten Sporttauglichkeit.

Dritte Voraussetzung ist der Besitz eines entsprechenden *Führerscheins* (außer in der Jugend-Klasse bis 80 cm^3 Hubraum).

Man sollte auch wissen, daß die Fahrerlizenz bei Verstößen gegen die Sportgesetze wieder entzogen werden kann.

Die persönliche Ausrüstung

Ein schnelles und zuverlässiges Motorrad ist nur die eine Seite der Medaille, wenn eine Wettkampfteilnahme anvisiert wird. Laut Wettkampfbestimmung muß nämlich in beiden Disziplinen auch eine *spezielle Fahrerausrüstung* vorhanden sein. Dazu gehören Schutzhelm, Schutzbrille, Spezialhandschuhe, die Knöchel fest umschließendes Schuhwerk und zweckmäßige Ober- und Unterbekleidung, die den ganzen Körper bedecken soll. Diese Anzugsordnung wird auch kontrolliert: bei der Maschinenabnahme und am Vorstart.

SCOTT
CLOVER
125

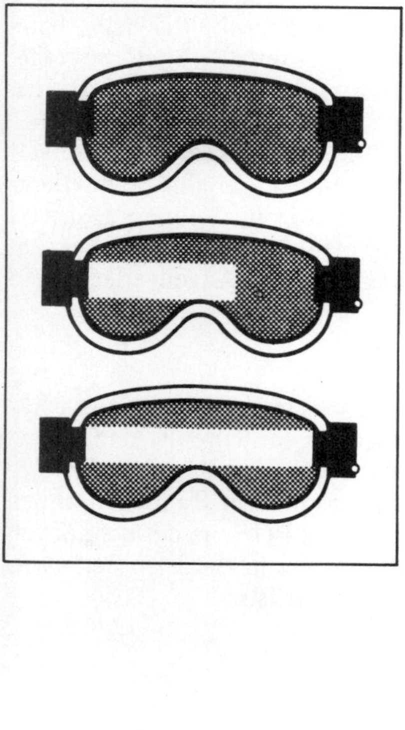

Schutzhelm, Handschuhe und Gesichtsschutz

Fahrerausrüstung: Helm, Gesichtsschutz, Rüstung, Handschuhe, Kombi und Stiefel (S. 30)

Sichtfeld-Reinigung mit Folien, die nach Rollfilmart gelagert sind

Schutzhelm

Verlangt wird ein *homologierter Schutzhelm*, also ein für die Sportzwecke geprüfter Markenhelm. Eigenbauten bekommen keine Zulassung, auch wenn sie noch so phantastisch aussehen. Ob der offene Jethelm oder ein Cross-Integralhelm benutzt wird – das bleibt dem Fahrer selbst überlassen. Veränderungen an der Konstruktion oder an der Oberfläche des Helms, die die Statik (Festigkeit) der Helmschale beeinträchtigen, dürfen nicht vorgenommen werden. Vorsicht! Nicht jeder Helm kann umlackiert werden, ohne daß die Festigkeit der Helmschale beeinträchtigt wird.

Schutzbrille

Hier gibt es ein breitgefächertes Angebot und die unterschiedlichsten Ausführungen. Wichtig ist, daß die Schutzbrille beide Augenhöhlen dicht umschließt und aus *bruchsicherem Material* besteht. Die „Scheiben" sollten möglichst nicht getönt sein. Damit ein Beschlagen verhindert wird, benötigt der Innenraum eine gute Durchlüftung.

Bewährt haben sich Abreißfolien vor den Gläsern, die bei starker Verschmutzung, zum Beispiel nach einem Moto-Cross-Start, mehrfach abgerissen werden können. Ebensolche Vorteile bieten Folien, die wie ein Rollfilm gelagert und an der Außenseite der Brille befestigt sind. Bei Bedarf können sie über das gesamte Sichtfeld weitergezogen werden und garantieren dadurch ständig einen guten Durchblick.

Bei der Anschaffung einer Schutzbrille sollte keine Sparsamkeit betrieben werden, denn nichts ist schlimmer als eine nicht mehr funktionstüchtige Brille, die vielleicht mitten im Rennen abgesetzt werden muß: Das Sand- und Steintrommelfeuer der Vorderleute machen dann die Weiterfahrt zum Glückspiel, und Augenverletzungen sind geradezu programmiert.

Zusätzlich: ein Gesichtsschutz

Ratsam ist bei Jethelmen ein zusätzlicher Gesichtsschutz aus Plastmaterial, der den Mund- und Nasenbereich vor Schmutz und vor gefährlichen Steinschlägen schützt. Noch günstiger ist eine *Gesichtsschutz-Brillen-Kombination*, die mit einem einzigen Handgriff schnell abgelegt werden kann und keine aufwendige Befestigungstechnik verlangt. Durchgesetzt haben sich Cross-Integralhelme bzw. Jethelme, an denen ein Gesichtsschutz direkt montiert ist.

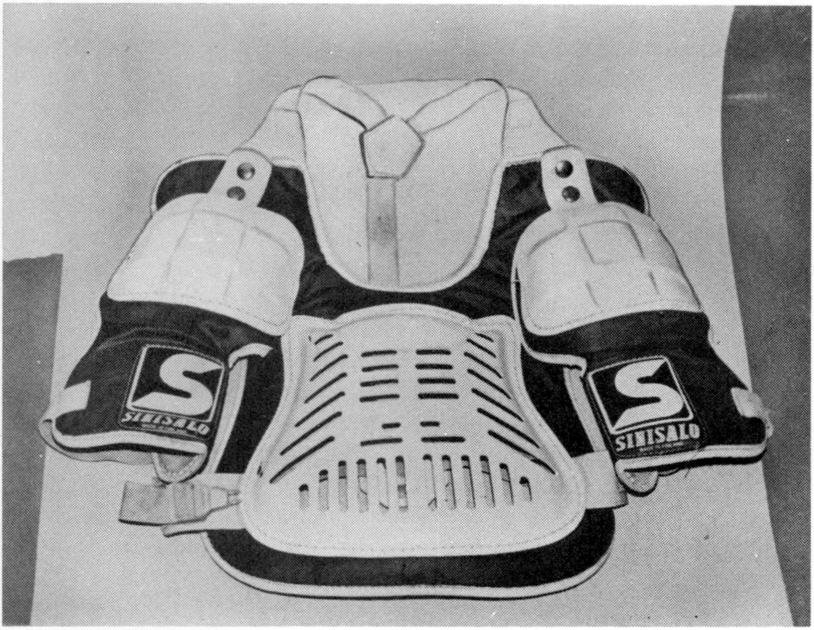

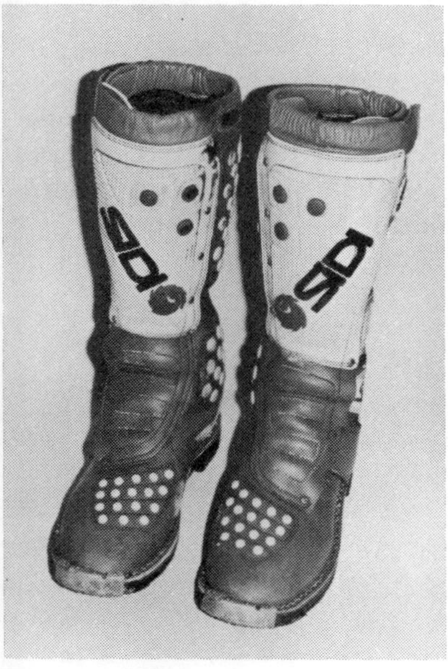

Plast-Rüstung

Moto-Cross-Stiefel

Festes Schuhwerk

Angebracht sind richtige *Moto-Cross-Stiefel*, die einen festen Sitz haben müssen, um insbesondere die Sprunggelenke vor Verdrehungen und Verstauchungen zu schützen. Bei eventuellen Stürzen wird durch solche Stiefel neben dem Fuß auch der Unterschenkel gegen Verletzungen abgeschirmt.

Zweckmäßige Ober- und Unterbekleidung

Zweckmäßigkeit – das ist ein dehnbarer Begriff. Einige konkretere Empfehlungen sind angebracht.

Vor Jahren galten gürtelabwärts nur derbe Lederhosen. Heute haben sich zerreißfeste synthetische Gewebe durchgesetzt. Meist sind in die Hosen halbkugelförmige Plastschalen als zusätzlicher Knieschutz eingearbeitet. Die Vorteile dieser speziellen Cross-Beinlinge: gezielte Schutzwirkung, gute Luftdurchlässigkeit, geringes Gewicht, attraktives Aussehen.

Auch bei der Oberkörperbekleidung spielt Leder als Material keine Rolle mehr. Hier sind grobmaschige, luftdurchlässige Gewebe aktuell, die allerdings bei Stürzen keinen Schutz bieten. Deshalb sind nicht nur ein Nierenschutz, sondern auch *Brust-*, *Rücken- und Schulterschutz* für Training und Wettkampf dringend anzuraten. Das Ganze ähnelt einer Rüstung und besteht aus leichtem, aber festem Plastmaterial. Man kann's – je nach Schönheitsempfinden – über das Trikot ziehen oder darunter verstecken. Die Schilde dieser Rüstung schränken die Beweglichkeit kaum ein, haben jedoch eine hervorragende Schutzwirkung bei Stürzen oder anderen gefährlichen Situationen. Noch eins: Für die Unterbekleidung sind atmungsaktive, leichte Baumwollmaterialien zweckmäßig.

Wie man erfolgreich trainiert

Moto Cross und Enduro
(unten) sind Langzeitausdauer-
Disziplinen

Mit den Anforderungen hat man sich vertraut gemacht, sämtliche Voraussetzungen sind erfüllt. Jetzt wird es ernst. Wie muß ein angehender Enduro- oder Moto-Cross-Sportler trainieren, um ein Meister zu werden? Die Maxime ist klar: Wettkampferfolge im Spitzenbereich verlangen eine perfekte Kondition, psychische Stärke, exzellente Fahrkünste und den unfehlbaren Blick für die beste Spur.

Die allgemein-athletische Ausbildung

Enduro und Moto-Cross haben grundlegende Gemeinsamkeiten:

1. Enduro und Moto-Cross sind *Langzeitausdauerdisziplinen.* An die Ausdauerfähigkeiten werden sehr hohe Ansprüche gestellt.

Enduro: Wettkampfdauer im Extremfall bis zu 8 Stunden; in Sonderprüfungen maximaler Einsatz, in der Zuverlässigkeitsfahrt mittlere Intensität. Bei knappen Fahrzeiten müssen unter Umständen große Strecken mit vollem Einsatz gefahren werden.

Moto-Cross: Zwei Rennen von jeweils etwa 35 bis 45 Minuten Dauer, in denen man ununterbrochen seine Höchstleistung bringen muß. Hinzu kommen die vorgeschriebenen Trainingsläufe.

2. Enduro und Moto-Cross verlangen einen hohen Grad von *Kraftausdauer.* Es werden die gleichen Muskelgruppen beansprucht.

3. Enduro und Moto-Cross fordern hervorragende *koordinative Fähigkeiten*, eine sehr gute *Beweglichkeit* und *Schnelligkeit.*

4. Enduro und Moto-Cross stellen harte Anforderungen an das *Herz-Kreislauf- und Atmungssystem* sowie an den *Stoffwechsel*, den *Bewegungsapparat* und an das *Nervensystem.*

5. Enduro und Moto-Cross gehören zu den *fahrtechnischen Sportarten.* Es sind Disziplinen mit *azyklischer (unregelmäßiger, unrhythmischer) Bewegungsstruktur.*

Schlußfolgerung: Enduro- und Moto-Cross-Sportler können in der allgemein-athletischen Ausbildung prinzipiell nach dem gleichen Trainingsprogramm trainieren.

Natürlich müssen für spezielle Wettkampfformen auch spezielle Trainingsreize geplant werden. Beispielsweise verlangen Enduro-Mehrtagesfahrten ein verstärktes Ausdauertraining.

Die wichtigsten Definitionen

Ausdauer
Die Ausdauer ist die Widerstandsfähigkeit gegen Ermüdung bei körperlicher Belastung. Ihre Schulung hat für die Langzeitausdauerdisziplinen Enduro und Moto-Cross enorme Bedeutung. Voraussetzung und Basis für ein solides Stehvermögen im Gelände ist dabei die sogenannte *Grundlagenausdauer.* Trainingsformen: Langzeitbelastungen durch (zyklische) Übungen wie Lauf, Radfahren, Skilanglauf oder Schwimmen.

Entscheidend für Erfolge in den *fahrtechnischen* Sportarten Enduro und Moto-Cross sind *spezifische Ausdauerfähigkeiten.* Denn schließlich werden die Wettkämpfe auf dem Balancefahrzeug Motorrad bestritten. In schwierigem Gelände ist schon das bloße Halten der Maschine, die in der Klasse bis 250 cm^3 Hubraum etwa 100 Kilogramm wiegt, ein unerhört konditionszehrender Akt! Bodenwellen müssen abgefangen und fortwährend das Körpergewicht verlagert werden. Die spezifischen Ausdauerfähigkeiten können daher nur durch das Motorradtraining verbessert werden, am besten unter wettkampfnahen Bedingungen (siehe im Kapitel „Spezielles für den Wettkampf").

Kraftausdauer
Kraftausdauer ist die Verbindung von Kraftfähigkeit und Ausdauer. Sie kennzeichnet die Widerstandsfähigkeit gegen Ermüdung bei Wettkampf- und Trainingsbelastungen mit erheblichen Kraftanforderungen. Die Schulung der Kraftausdauer hat für Enduro und Moto-Cross große Bedeutung. Trainingsmittel ist insbesondere das Kreistraining, bei dem in Intervallen abwechselnd verschiedene Muskelgruppen belastet werden.

Die *Maximalkraftfähigkeit* (= Fähigkeit, maximale Kräfte zu entwickeln oder maximale Lasten zu bewegen) und die *Schnellkraftfähigkeit* (= Überwindung von Widerständen mit hoher Bewegungsgeschwindigkeit) sind für Enduro und Moto-Cross von geringerer Bedeutung.

Koordinative Fähigkeiten
Die koordinativen Fähigkeiten umfassen einen ganzen Komplex von Voraussetzungen. Sie ermöglichen die abgestimmte Organisation und Steuerung der verschiedenen Bewegungen für eine bestimmte

Oft notwendig: blitzschnelle Körperreaktionen

NOLAN

sportliche Übung. Für Enduro und Moto-Cross ist dies sehr wichtig, gilt es hier doch ständig auf neue Situationen (Geländebeschaffenheit, Fahrverhalten des Motorrads, Aktionen der sportlichen Gegner) effektiv und schnell zu reagieren.

Man unterscheidet:
- *Gleichgewichtsfähigkeit:* Fähigkeit, den gesamten Körper im Gleichgewichtszustand zu halten – beim Motorradsport also auf zwei Rädern.
- *Orientierungsfähigkeit:* Fähigkeit zur Bestimmung und Veränderung der Körperlage und -bewegung (räumlich und zeitlich) bezogen auf ein bestimmtes Aktionsfeld – z. B. Moto-Cross-Strecke.
- *Reaktionsfähigkeit:* Fähigkeit zum schnellen Reagieren auf Bewegungsanforderungen. Die Reaktionszeit eines Untrainierten liegt bei etwa 0,35 Sekunden, durch Training kann sie auf etwa 0,1 Sekunden verkürzt werden.
- *Differenzierungsfähigkeit:* Fähigkeit zum Erreichen einer hohen Bewegungsgenauigkeit und -ökonomie – Feinabstimmung.
- *Kopplungsfähigkeit:* Fähigkeit zur Koordinierung von Teilkörperbewegungen untereinander in Beziehung zu einer notwendigen Bewegung des ganzen Körpers.
- *Rhythmisierungsfähigkeit:* Fähigkeit, den speziellen dynamischen Wechsel in einem Bewegungsablauf zu erfassen und nachzuvollziehen.
- *Umstellungsfähigkeit:* Fähigkeit, bei Situationsveränderungen – z. B. Pistenglätte nach Regen – das laufende Handlungsprogramm den neuen Bedingungen anzupassen oder die Handlung in anderer Weise fortzusetzen.

Die effektivste Form für die Schulung des koordinativen Könnens ist das *Fahrtraining* mit dem Motorrad im Gelände. Aber auch das zusätzliche Training in bestimmten anderen Sportarten ist nützlich – geeignet sind zum Beispiel *Turnen, Tischtennis, Tennis, Skiabfahrtslauf* und *Zweikampf-Sportarten.*

Beweglichkeit

Beweglichkeit – das ist die Fähigkeit, Bewegungen im Bereich der Gelenke und der Wirbelsäule mit *großer Schwingungsweite* ausführen zu können. Erreichbar ist sie durch gezielte Dehnübungen der Muskeln, Sehnen und Bänder sowie durch die Entspannung der Antago-

Sprungakrobatik: Beweglichkeit ist Voraussetzung

nisten, also der Muskeln und Muskelgruppen, die einander entgegengesetzt wirken, zum Beispiel Beuge- und Streckmuskeln. Ein ungenügender Bewegungsspielraum erhöht die Kraftanspannung und damit den Energiebedarf!

Für Enduro und Moto-Cross ist eine gute Beweglichkeit von großem Nutzen. Sie ermöglicht beispielsweise die Stoßdämpferarbeit der Arme und Beine oder die extremen Ganzkörperreaktionen in speziellen Fahrsituationen (Sprünge, Ausweichmanöver, Beschleunigen, Bremsen).

Schnelligkeit

Schnelligkeit – das ist die Fähigkeit, Bewegungen in kürzester Zeit ausführen zu können. Unterschieden werden *Reaktionsschnelligkeit* und *Schnelligkeit der Einzelbewegung.* Beide Komponenten sind für Enduro und Moto-Cross in speziellen Fahrsituationen (z. B. Start) von Bedeutung. Außerdem ist für beide Disziplinen auch *Schnelligkeitsausdauer* wichtig: Man muß auch nach konditionszehrenden Wettkampfabschnitten noch reaktionsschnell handeln können.

Die Schnelligkeit kann man beim Sektionsfahrtraining gezielt schulen (Startübungen, Beschleunigungstests usw.). Aber auch Tischtennis, Tennis, Zweikampf-Sportarten, Sprintantritte und Kleinfeld-Ballspiele (z. B. Volleyball, Handball) sind dafür geeignet.

Das Grundlagenausdauertraining

Entscheidend: effektive Belastung

Immer wieder fragen jüngere Motorsportler: „Warum muß ich mich, um erfolgreich Enduro oder Moto-Cross fahren zu können, mit Laufen, Radfahren oder Schwimmen abplagen?“ Die Antwort ist denkbar einfach: Laufen, Radfahren oder Schwimmen – das sind zyklische sportliche Übungen, die die Ausdauer verbessern. Und die *Ausdauer* (Zur Erinnerung: Widerstandsfähigkeit gegen Ermüdung bei körperlicher Belastung) hat auf die motorsportliche Wettkampfleistung einen ganz entscheidenden Einfluß.

Wer nichts „drauf“ hat, dem flattern schon nach wenigen Kilometern oder Runden sämtliche Gliedmaßen. Fahrfehler, die unter Umständen sogar zu Stürzen führen, sind bei vorzeitigem Ausdauerverlust geradezu vorprogrammiert, weil die Bewegungskoordination dem rasanten Tempo immer mehr hinterherhinkt. Statistiken belegen die Zunahme von Sportverletzungen in der zweiten Hälfte oder kurz vor dem Ende eines Trainings bzw. Wettkampfes.

Nur auf einer fundierten Ausdauergrundlage läßt sich das spezielle Enduro- oder Moto-Cross-Trainingsprogramm erfolgreich aufbauen.

Betrachten wir die genannten Körperübungen mal etwas näher. Wie effektiv sind sie für das Ausdauertraining? Generell gilt: Für ein sinnvolles Ausdauertraining müssen die Trainingsreize so gesetzt werden, daß eine *Herzfrequenz* – sie ist die wichtigste biologische Kenngröße der Belastungsintensität – von etwa *190 Schlägen pro Minute minus Lebensalter* erreicht wird. Bei einem 20jährigen sind das

Bei vorzeitiger Ermüdung: Sturzgefahr

Enduro-Jagd: ohne Ausdauer keine Erfolge

also 170 Schläge pro Minute. Ein Training unterhalb dieser Frequenz bringt nicht viel.

Wählt man das *Laufen* als Ausdauer-Trainingsmittel, so entspricht der effektive Herzfrequenzbereich immerhin einer Laufgeschwindigkeit von 3 bis 3,5 Meter pro Sekunde, also etwa 12 Kilometer pro Stunde.

Wer dagegen das Ausdauertraining *auf dem Fahrrad* absolvieren will, muß sich schon mit einer Geschwindigkeit von 25 bis 30 Kilometern pro Stunde fortbewegen. Dies dürfte anfangs nur den wenigsten Akteuren über einen (notwendigen) längeren Zeitraum gelingen. Schwierigkeiten bereitet dabei nämlich die schnelle Ermüdung der bis dato für solche Zwecke untrainierten Beinmuskulatur. Beim Laufen gelingt es wesentlich leichter, die angestrebte Herzfrequenz zu erreichen. Günstig ist jedoch das *Geländeradfahren*, das zusätzliche konditionelle Anforderungen stellt.

Eine ideale Form des Ausdauertrainings ist das *Schwimmen.* Hier verbindet sich das Ausdauertraining mit der Schulung der Beweglichkeit, der Schnelligkeit und der Koordination. Aber es ist ähnlich wie beim Radfahren: Ein untrainierter Schwimmer hat Probleme, seine Herzfrequenz so zu erhöhen, daß sie in den effektiven Trainingsbereich gelangt. Er muß das Training viel zu früh wegen allgemeiner muskulärer Erschöpfung abbrechen. Hier hilft nur gezieltes und vor allem regelmäßiges Üben.

Nach drei Monaten: verbesserte Kondition

Die entscheidende Frage ist: Wie lange und wie oft sollte Ausdauer trainiert werden? Um eine meßbare Verbesserung der Ausdauerbelastbarkeit zu erreichen, ist *mindestens dreimal 45 Minuten pro Woche* zu trainieren. Mit diesem Pensum kommt man in etwa drei Monaten zu einer nachweisbar verbesserten Kondition. Wer wöchentlich nur zweimal 45 Minuten trainiert, kann erst nach einem halben Jahr mit verbesserten Kreislaufparametern rechnen. Ein Erfolg stellt sich aber nur dann ein, wenn man den *effektiven Herzfrequenzbereich* stets einhält. Deshalb muß die Herzfrequenz während jeder Trainingseinheit mehrfach *kontrolliert* werden. Das geschieht folgendermaßen: Zwei Finger leicht auf die Halsschlagader (unterhalb der Gesichtskante) drücken, 15 Sekunden lang die Pulsation zählen und mit dem Faktor 4 multiplizieren.

Besonders gut für das Ausdauertraining geeignet: Laufen im Gelände

Dauermethode und Intervallmethode

Grundsätzlich unterscheidet man beim Ausdauertraining zwei Belastungsmethoden: Dauermethode und Intervallmethode. Beide sind effektiv und lassen sich problemlos anwenden.

Bei der *Dauermethode* wird lange, ohne Pause und (meist) mit mittlerer Intensität, belastet – in der Regel nicht kürzer als 30 Minuten, häufig jedoch länger als 60 Minuten. Fürs Laufen bedeutet das: Mindestens eine halbe Stunde lang ein gleichbleibendes Tempo (möglichst um die 12 km/h) halten – Herzfrequenz etwa 150 bis 170 Schläge pro Minute.

Bei der *Intervallmethode* wird dagegen nach dem Intervallprinzip, einem Wechsel von Belastung und Erholung, trainiert. Entscheidend: Während der Erholungsphase soll es zu keiner vollständigen Wiederherstellung kommen. Die Herzfrequenz darf nicht unter 120 bis 130 Schläge pro Minute absinken, bevor eine neue Belastungsphase beginnt.

Zwei Vorschläge zum Lauf-Intervalltraining:

- 400-Meter-Lauf nach Zeit, danach 2 Minuten Pause – mindestens 10 Wiederholungen pro Trainingseinheit,
- 800-Meter-Lauf nach Zeit, danach 4 Minuten Pause – 6 bis 8 Wiederholungen pro Trainingseinheit.
- Für die Schnelligkeitsausdauer kann man auch kurze Intervalle trainieren (z. B. Sprintantritte, 50-Meter-Sprints usw.).

Noch zwei *Hinweise zum Laufen*, das als Konditionierungsmittel die wohl größte Popularität hat (Laufen kann man immer und überall).

1. Beim Laufen kommt es natürlich zu einer erheblichen Belastung der Gelenke sowie des Bindegewebs- und Stützapparates. Laufstrecken von mehr als 20 Kilometer pro Trainingseinheit sollten deshalb vermieden und eine wöchentliche Laufstrecke von 35 bis 40 Kilometer nicht überschritten werden.

2. Nicht bis zur körperlichen Erschöpfung laufen. Der Sportler sollte am Ende der Trainingseinheit noch so fit sein, daß er sich selbst sagen kann: „Ich könnte eigentlich noch weiter laufen." Mit zunehmender Erschöpfung läßt nämlich die stabilisierende und ausgleichende Wirkung der Muskulatur auf die Bänder und Sehnen deutlich nach, so daß es leicht zu Überbelastungen, Verstauchungen und Stürzen kommen kann. Dann lieber pro Woche eine zusätzliche Trainingseinheit einschieben.

Die Erholungszeit für das Herz-Kreislauf-System beträgt übrigens nur wenige Minuten. Der Kohlehydratstoffwechsel (für die Ausdauerfähigkeit von großer Bedeutung) erholt sich in etwa 6 Stunden. Das Bindegewebs- und Stützsystem benötigt 8 bis 24 Stunden dazu.

Grundregel: Belaste hoch genug, vermeide jedoch Überforderungen.

Die einfache Test-Formel

Woran kann ich meine verbesserte Ausdauerleistung messen? Das subjektive Befinden während oder nach der Belastung gibt dafür keinen genauen Anhaltspunkt. Selbst von der Verbesserung der Trainingsleistung (z. B. höhere Laufgeschwindigkeit oder längere Laufstrecke) kann man nur indirekt eine allgemeine Verbesserung der Kondition ableiten.

Eine exakte und direkte Meßgröße ist hingegen die *Ruhefrequenz des Herzens.* Je besser die Leistung des Herz-Kreislauf-Systems, desto niedriger die Ruhefrequenz. Das ist an unserem Diagramm deutlich zu erkennen.

Noch wichtiger: Mit verbesserter Leistung des Herz-Kreislauf-Sy-

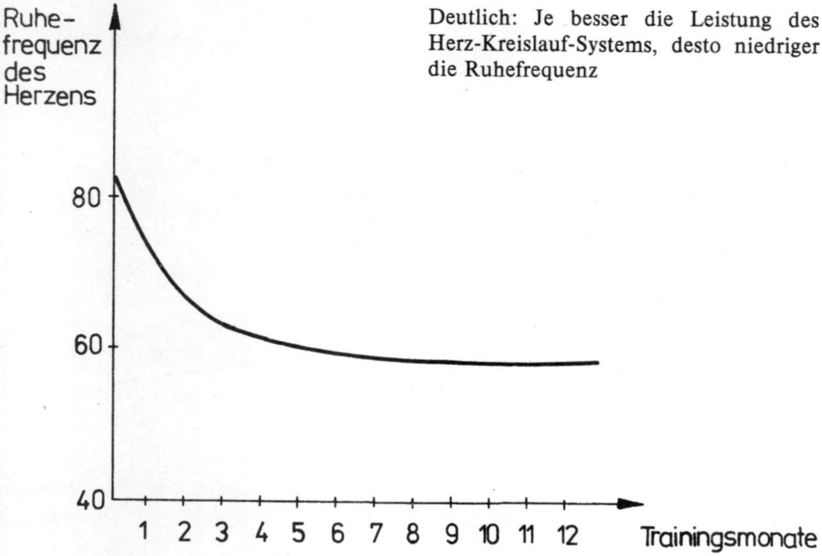

Deutlich: Je besser die Leistung des Herz-Kreislauf-Systems, desto niedriger die Ruhefrequenz

stems verkürzt sich die Zeit, in der die Herzfrequenz nach einer hohen Trainingsbelastung zur Normalfrequenz zurückkehrt. Man erholt sich wesentlich schneller. Fortschritte in dieser Richtung können bei der eigenen Konditionierung mit einer einfachen *Test-Formel* überprüft werden:

$$\frac{\text{Ruhepuls} + \text{Belastungspuls}}{2}$$

Dieser Wert sollte nach zwei Minuten Erholung erreicht bzw. unterschritten werden. (Den Belastungspuls unmittelbar nach dem Ende des Trainings messen!)

Zur Erläuterung der Testformel ein einfaches *Rechenbeispiel*:

Ruhepuls 70
Belastungspuls 160

$$\frac{70 + 160}{2} = 115$$

Wenn man also nach zweiminütiger Erholung eine Herzfrequenz von 115 Schlägen pro Minute erreicht oder sogar noch darunter liegt, dann kann man für sich – in Hinblick auf das Herz-Kreislauf-System – eine gute Kondition konstatieren. Diese Formel zur Überprü-

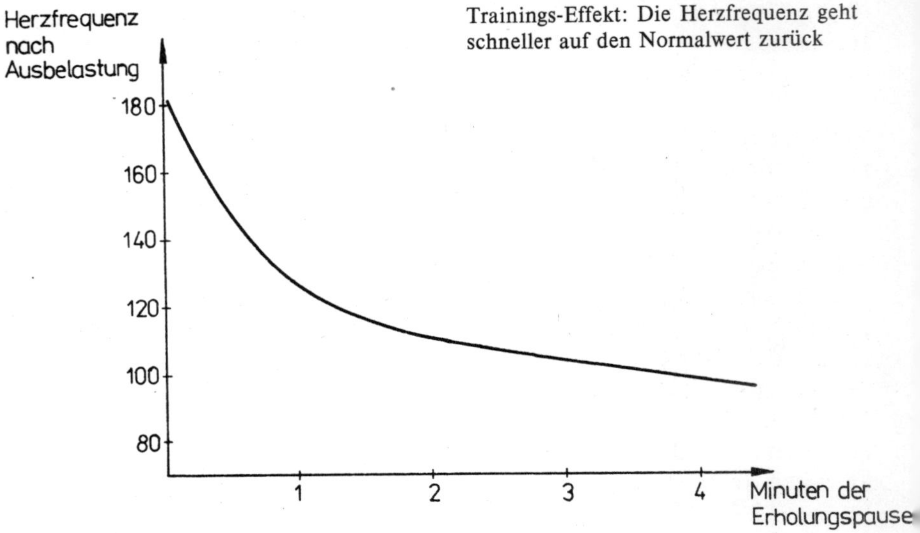

Trainings-Effekt: Die Herzfrequenz geht schneller auf den Normalwert zurück

fung des Ausdauertrainingseffektes sollte man wöchentlich einmal anwenden und das Ergebnis zur Selbstkontrolle notieren.

Im Detail: Die Wirkung des Grundlagenausdauertrainings

Das Ausdauertraining schafft eine wichtige Basis für die Wettkampfleistungen. Was bewirkt es im einzelnen? Welche Vorgänge spielen sich im Körper ab, und was sind die Resultate? Dazu im folgenden ein Überblick mit den wichtigsten Details.

Vergrößerung des Herzvolumens

Die Vergrößerung des Herzvolumens ist indirekt meßbar über den Rückgang der Ruhefrequenz: Ein Rückgang der Ruhefrequenz um 4 Schläge pro Minute entspricht einer Zunahme des Herzvolumens um 100 Milliliter. Während das Herzvolumen eines Untrainierten etwa 750 Milliliter beträgt, hat ein gut trainiertes Sportherz ein Volumen von etwa 1000 Milliliter.

Das *Sportherz* zeichnet sich durch ein hohes Leistungsvermögen, eine hervorragende Ökonomisierung aller Funktionen und eine verbesserte Durchblutung der den Herzmuskel mit Sauerstoff versorgenden Herzkranzgefäße aus. Sein *Arbeitsbereich* hinsichtlich der erreichbaren Frequenz ist sowohl nach unten (Ruhefrequenz) als auch nach oben (Ausbelastungsfrequenz) erweitert. Um es in der Motorsportsprache zu sagen: Das „Triebwerk“ bekommt durch das Ausdauertraining ein breiteres Leistungsband.

Verbesserte Sauerstoffversorgung

Das Ausdauertraining bewirkt eine allgemeine Verbesserung der Sauerstoffversorgung des Organismus durch:

- eine verbesserte Sauerstoffaufnahme in der Lunge selbst,
- eine Erhöhung der Sauerstofftransportkapazität des Blutes,
- eine verbesserte Sauerstoffausnutzung der Muskulatur (Ökonomisierung der Muskelarbeit).

Einige Fakten sollen dies verdeutlichen.

Ein Untrainierter erreicht eine maximale Sauerstoffaufnahme des Blutes von etwa 25 bis 35 Milliliter pro Kilogramm und Minute. Ein ausdauertrainierter Sportler kann dagegen bis zu 85 Milliliter pro Kilogramm und Minute erreichen, also etwa das Dreifache. Das bedeutet, daß seiner Arbeitsmuskulatur *dreimal soviel Sauerstoff* zur Verbrennung (und damit zur Energiegewinnung!) zur Verfügung steht. Allein über diese Wirkung des Ausdauertrainings ergibt sich schon eine deutlich verbesserte Leistungsfähigkeit der Muskulatur.

Das Maximum der Sauerstoffaufnahme des Blutes erreicht man übrigens mit 18 bis 20 Jahren. Ein fünfzigjähriger Untrainierter hat – altersbedingt – davon bereits wieder ein Viertel bis zur Hälfte eingebüßt. Aber: Durch ein entsprechendes Training kann ein Fünfzigjähriger das Sauerstoffaufnahmevermögen eines dreißigjährigen Untrainierten erreichen. Fazit: Ein Sportler in höherem Wettkampfalter sollte auf das Training der Grundlagenausdauer besonderen Wert legen.

Verstärkte Glykogen-Speicherung

Notwendig sind einige Vorbemerkungen zum Thema *Energiehaushalt.* Woher kommt die für sportliche Leistungen notwendige Energie? Sie wird im Körper durch den Abbau der zugeführten Nährstoffe über komplizierte Stoffwechselprozesse bereitgestellt. Man unterscheidet zwischen *aerober* und *anaerober* Energiewandlung:

aerob: mit Beteiligung von Sauerstoff
anaerob: ohne Beteiligung von Sauerstoff.

Die wichtigste Energiequelle ist die *Glukose (Traubenzucker),* ein Kohlehydrat. Bei ihrer Aufspaltung in den Körperzellen entstehen Wasser, Kohlendioxid und – *Energie.* Für jede Muskelarbeit ist das

Vorhandensein von Glukose eine unabdingbare Voraussetzung.

Das Problem: Glukose befindet sich im menschlichen Blut nur in einer Konzentration von 0,1 Prozent. Umgerechnet sind das etwa 6 bis 8 Gramm, die zwar sofort für den Stoffwechsel zur Verfügung stehen, aber als Vorrat natürlich viel zu gering sind. Nachschub in größeren Mengen muß also her. Und den liefert das *Glykogen*, die hochmolekulare Speicherform der Glukose. Es befindet sich als sofort verfügbare *Energiereserve* in der Arbeitsmuskulatur und in der Leber.

Durch ein Ausdauertraining lassen sich die Speicherfunktion der Leber sowie der in Training und Wettkampf am stärksten beanspruchten Muskulatur enorm steigern. *Je besser ein Sportler trainiert ist, um so reicher sind seine Glykogendepots.* Im Extremfall kann man sogar erreichen, daß die Energiegewinnung bis zu 90 Minuten allein durch die Glukosespaltung abgedeckt werden kann.

Durch harte Langzeitausdauer-Belastungen – beispielsweise beim Moto-Cross, aber insbesondere bei Enduro-Wettbewerben – geraten allerdings auch gut gefüllte Glykogenspeicher an die Grenze ihrer Kapazität. Die Folge: Leistungsabfall, Müdigkeit, Konzentrationsschwäche. Die Zunahme von Stürzen zum Ende eines Moto-Cross-Rennens steht damit in engem Zusammenhang.

Übrigens: Bei kurzen Belastungen bis zu 3 Minuten Dauer erfolgt die Glukosespaltung hauptsächlich ohne Sauerstoff, bei längeren Belastungen geschieht das auf aerobem Wege, also mit Beteiligung von Sauerstoff.

Ankurbelung des Fettstoffwechsels

Wenn die Glykogenvorräte erschöpft sind, muß der Organismus auf eine Energiequelle zurückgreifen, die in nahezu unbegrenztem Maße verfügbar ist: das *körpereigene Fett.*

Fett ist die *größte Energiereserve* des Menschen. Einziger Nachteil: Zur unmittelbaren Energiegewinnung für die Muskelarbeit ist es nicht sofort verfügbar, sondern muß erst über einen langen Stoffwechselvorgang mobilisiert werden. Und das funktioniert nur auf aerobem Wege, also mit Beteiligung von Sauerstoff. Diese Form der Energiegewinnung nutzt der Organismus vor allem bei extremen Langzeitbelastungen (Enduro-Wettbewerbe!).

Ausdauertraining bewirkt, daß die Enzyme des Fettstoffwechsels aktiviert werden. Der Weg der Energiegewinnung über den Fettstoffwechsel wird gewissermaßen gebahnt. Das Resultat: Der Fettstoffwechsel kommt früher und stärker in Gang, teilweise sogar schon unter Ruhebedingungen (die Nahrungsfette werden gar nicht erst als Fettdepots angelegt). *Je trainierter der Sportler ist, desto stärker kann er Fett als Energielieferant nutzen.*

Durch die frühzeitige Fett-Ausbeutung können die Glykogenreserven bei sportlicher Belastung quasi geschont werden. Und: In entscheidenden Phasen der Höchstbelastung, in denen die für den Fettstoffwechsel notwendige Sauerstoffzufuhr bereits eingeschränkt ist, läßt sich mit Hilfe des „gesparten“ Glykogens – das ja auch anaerob in Energie umgesetzt werden kann – ein Leistungsknick abfangen.

Wichtig für den Trainingsaufbau: Beim Untrainierten setzen die Fettstoffwechselvorgänge erst nach *zwanzigminütiger angemessener Belastung* ein. Man muß also beispielsweise mindestens 4 Kilometer laufen, um diesen Stoffwechselweg zu trainieren.

Aktivierung des Immunsystems

Das Ausdauertraining hat auf die unspezifische Abwehr des Organismus gegen Krankheitserreger einen positiven Einfluß. Banale Infekte, die bei einem Untrainierten mitunter schon zu erheblichen Beeinträchtigungen des Allgemeinbefindens führen, werden besser kompensiert. Eine leichte Grippe zum Beispiel verläuft problemloser, ohne nennenswerte Krankheitssymptome. Außerdem wird die Schleimhautbarriere der Luftwege widerstandsfähiger gegen den Angriff von Krankheitserregern – eine zusätzliche Schutzwirkung gegen Infekte. Ganz pauschal: *Wer regelmäßig Ausdauertraining betreibt, ist weniger krank.*

Kraftausdauertraining

Wir haben es bereits erwähnt: Von den drei Komponenten der Kraftfähigkeit ist für Enduro und Moto-Cross die *Kraftausdauer*, die Verbindung von Kraft und Ausdauer, am wichtigsten. Deshalb muß das Training der Kraftausdauer bei der Konditionierung auch eine Hauptrolle spielen.

Anmerkung: Maximalkraft- und Schnellkraftfähigkeit werden beim Kraftausdauertraining gut mittrainiert. Auch Herz-Kreislauf-System, Atmung und Stoffwechsel profitieren, denn in den kurzen Pausen zwischen zwei Trainingsstationen (z. B. zwischen Liegestützen und Seilspringen) kommt es nicht zur vollständigen Erholung dieser Systeme.

Für das Kraftausdauertraining werden solche Übungen ausgewählt, die zur Entwicklung der *wettkampfspezifischen Ausdauer* beitragen. Es werden also besonders die Muskelgruppen trainiert, die beim Wettkampf auf dem Motorrad am meisten beansprucht werden – Muskelgruppen, die anschließend durch Ermüdungserscheinungen (Muskelkater) auf sich aufmerksam machen.

Sinnvoll ist es darum, beim Kraftausdauertraining Bewegungsformen und -abläufe zu simulieren, die denen des Gelände-Zweiradsports tatsächlich ähneln. Wobei die Muskelspannung durch entsprechende Widerstände (Hantelgewichte, Federzug, eigenes Körpergewicht) jedoch über das im Wettkampf erforderliche Maß hinausgehen muß.

Ein ideales Training für die wettkampfspezifische Kraftausdauer ist natürlich der Wettkampf selbst, beziehungsweise das Fahrtraining im Gelände über längere Distanzen.

Warum setzen wir dann überhaupt ein allgemeines Kraftausdauertraining für die Sporthalle oder den Kraftraum auf den Plan? Drei Gründe gibt es dafür:

1. Beim allgemeinen Kraftausdauertraining können die wichtigsten Muskeln und Muskelgruppen *gezielter und intensiver* trainiert werden als beim Fahren im Gelände.
2. Es ist schwierig, das ganze Jahr hindurch ein intensives Fahrtraining zu absolvieren, weil die Witterungsbedingungen nicht immer ein vernünftiges Training zulassen und weil nicht jeder über dafür geeignete Trainingsstrecken verfügt.
3. Ein ausschließliches Fahrtraining führt zu einer *einseitigen Beanspruchung der Muskulatur* mit den daraus resultierenden negativen Folgeerscheinungen (Verkürzungen, Verkrampfungen). Auch Gelenke, Sehnen und Bänder werden auf diese Art und Weise nur einseitig belastet. Durch eine vielfältige und ausgewogene Kraftausdauerbelastung kann dies vermieden werden.

Am wirksamsten: Kreistraining

Das wirksamste Trainingsmittel zur Entwicklung der allgemeinen Kraftausdauer ist das *Kreistraining.* Was versteht man darunter? Kreistraining – das ist ein auf mehrere Stationen verteilter und variabel gestalteter Übungskomplex, bei dem alle Hauptmuskelgruppen einzeln und nacheinander trainiert werden können. Das gesamte Übungsprogramm wird in einer Trainingseinheit mehrfach wiederholt (Kreisdurchgänge).

Kraftraum: Hier können die einzelnen Muskelgruppen ganz gezielt trainiert werden

Die *Vorteile* des Kreistrainings liegen auf der Hand:

- gute Dosierungsmöglichkeiten von Belastung und Erholung,
- Selbstkontrolle (z. B. Anzahl der bewältigten Übungen pro Zeiteinheit) ist problemlos möglich,
- geringer Platzbedarf (auch in kleinen Räumen kann eine relativ große Anzahl von Sportlern gleichzeitig trainieren),
- Leistungsdruck im Team, der stimulierend auf den einzelnen wirkt.

Umfang abhängig von der Intensität

Der Zeitumfang pro Trainingseinheit kann beim Kreistraining nicht pauschal festgelegt werden. Er ist von der Intensität abhängig. So reichen bei hoher Trainingsintensität – geübt wird fast bis zur Erschöpfung – etwa 10 bis 15 Minuten effektive Trainingszeit (d. h. abzüglich der Pausen) für eine Trainingseinheit aus. Hierbei kommt es allerdings eher zu einem Zuwachs an Maximalkraft- oder Schnellkraftfähigkeit als zur Verbesserung der Kraftausdauer.

Vorteilhafter für die Entwicklung der *Kraftausdauer* ist eine Belastung von *mittlerer* Stärke, bei der die effektive Trainingszeit zwischen *30 und 50 Minuten* pro Trainingseinheit liegen sollte.

Passend: extensive Intervallmethode

Die *Belastungsintensität*, die *Belastungsdauer* und die *Erholungszeit* haben entscheidenden Einfluß auf den Wirkungsgrad und die Wirkungsrichtung des Kreistrainings.

1. Variante

Man übt mit hohem Krafteinsatz im Bereich von etwa 70 bis 90 Prozent des sogenannten maximalen Leistungsvermögens. Etwa 6 bis 12 Wiederholungen pro Station, maximales Übungstempo, unvollständige Erholungszeit von jeweils 60 bis 180 Sekunden.

Man erreicht hauptsächlich eine Verbesserung der Kraftkomponente, die Kraftausdauerschulung steht im Hintergrund.

2. Variante

Mittlerer Krafteinsatz im Bereich von etwa 50 bis 60 Prozent des maximalen Leistungsvermögens. Etwa 10 bis 30 Wiederholungen pro Station, unvollständige Erholungszeit von 30 bis 180 Sekunden.

Kraftkomponente und Kraftausdauer werden gleichermaßen geschult – *für Enduro und Moto-Cross besonders geeignet*!

3. Variante

Relativ niedriger Krafteinsatz im Bereich von etwa 40 bis 60 Prozent des maximalen Leistungsvermögens. Belastung ohne Unterbrechung. Kraftausdauerentwicklung mit geringer Kraftkomponente.

Merke: Mittlerer Krafteinsatz und Übungen, deren Anstrengungsgrad zwischen 10 und 30 Wiederholungen zuläßt – nach diesem Verfahren, das als *extensive Intervallmethode* bezeichnet wird, muß man die Kraftausdauerschulung für Enduro und Moto-Cross ansetzen.

Intensitätsbestimmung mit dem Maximaltest

Wichtige Frage beim Kreistraining: Wie bestimme ich meine individuelle Trainingsbelastung? Es geht um das richtige Maß, bei dem Unterforderung und Überbelastung möglichst ausgeschlossen sind.

Der Organismus braucht eine gewisse Zeit, um sich an ungewohnte Belastungsformen zu gewöhnen. Er muß also *allmählich* an eine hohe Belastungsstärke herangeführt werden. Anderenfalls kommt es zu Überbelastungsschäden, die auf den Trainingszustand einen negativen Einfluß haben. Andererseits: Diese Anpassung darf auch nicht zu langsam erfolgen, weil nämlich ein unterschwelliges Training keine Fortschritte bringt. Ohne eine gehörige Portion Selbstüberwindung läuft hier nichts, und man muß sich beim Kreistraining auch mal tüchtig schinden.

Bewährt und praktikabel für die Bestimmung der individuellen Trainingsdosierung ist der sogenannte *Maximaltest*: An jeder Station (z.B. Liegestütze) wird getestet, wieviel Wiederholungen man je Zeiteinheit (z. B. 30 Sekunden) schafft. Das Ergebnis ist das *maximale Leistungsvermögen.* Die Anzahl der erreichten Wiederholungen wird notiert und durch 2 dividiert. Das Ergebnis, das dann 50 Prozent des maximalen Leistungsvermögens entspricht, ist der Ausgangswert für die folgenden Trainingseinheiten.

$$\frac{\text{MW}}{2} = \text{Ausgangswert}$$

MW = Maximalwiederholungen

Beispiel:
MW = 40 Einzelwiederholungen

$$\frac{40}{2} = 20$$

Man muß also in den folgenden Trainingseinheiten 20 Wiederholungen an der getesteten Station absolvieren, um die Kraftausdauer effektiv zu schulen. Der Maximaltest sollte in jeder Woche durchgeführt und die Belastungsintensität neu festgelegt werden.

Beispiel:

1. Woche $\frac{40}{2} = 20$

2. Woche $\frac{50}{2} = 25$

Deutlich wird, daß für eine weitere Leistungsverbesserung nun 5 zusätzliche Wiederholungen an der getesteten Station notwendig sind.

Mit dieser Methode läßt sich eine *progressive Belastungssteigerung* erreichen – ohne die Gefahr von Überbelastungserscheinungen.

Anmerkung: Die Erhöhung der Belastungsintensität ist – bei entsprechenden Übungen – auch durch eine Erhöhung der Zusatzlasten möglich. Also beispielsweise mit einer schwereren Scheibenhantel oder einer größeren Anzahl von Expanderstreben. Außerdem lassen sich die Anforderungen durch die Erhöhung der Anzahl der Durchgänge und durch eine veränderte Pausengestaltung variieren.

Ratsam ist, sich die erzielten Trainingsergebnisse sorgfältig zu notieren, damit die Selbstkontrolle über Erfolge oder Rückschläge tatsächlich gewährleistet ist. *Aufschreiben:* Wiederholungen an jeder Station, Übungszeit pro Station, Pausen zwischen zwei Stationen, Pausen zwischen den einzelnen Durchgängen, Anzahl der Durchgänge.

Unser Vorschlag:
- 8 bis 12 Stationen pro Durchgang,
- 30 Sekunden Übungszeit pro Station,
- 10 bis 20 Sekunden Pause zwischen den Stationen,
- 2 bis 3 Minuten Pause nach jedem Durchgang,
- 3 Durchgänge.

Aufbau und Organisation des Kreistrainings

Bei der Auswahl der Übungen für das Kreistraining müssen natürlich die speziellen Enduro- und Moto-Cross-Anforderungen berücksichtigt werden. Welche Muskeln und Muskelgruppen sollten wie trainiert werden?

1. *Arm- und Schultermuskulatur* (Schultergürtel, Ober- und Unterarme) mit Zug-, Druck- und Stoßübungen.

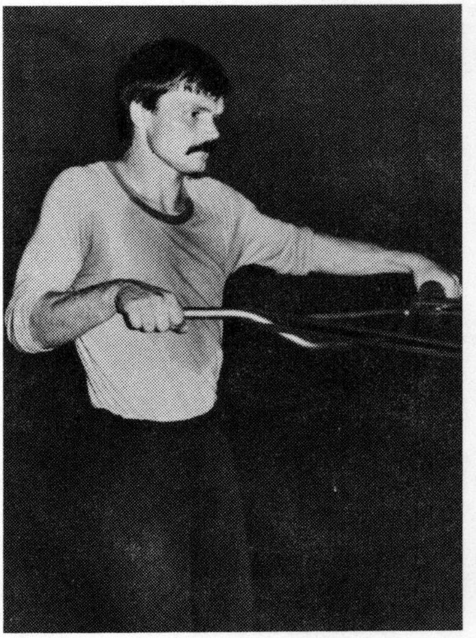

Mit Gummistreben und Motorradlenker: Zugübung zur Stärkung der Arm- und Schultermuskulatur

Geeignete Trainingsmittel: Gewichte aller Art, Scheibenhanteln, Kurzhanteln, Expander, Impander, Medizinball. Die Übungen werden überwiegend im Sitzen oder Liegen ausgeführt.

2. *Hand- und Fingermuskulatur* mit Griffübungen (Halte- oder Wikkelbewegungen).

Trainingsmittel: Federhantel, Gummiball, Rundholz mit aufrollbaren Gewichten.

3. *Beinmuskulatur* mit Lauf-, Sprung-, Steige- und Zugübungen (Beugung und Streckung im Kniegelenk mit Expander o. ä.) sowie Kniebeugen.

4. *Bauchmuskulatur* mit allen Übungen, die Beine und Oberschenkel dem Oberkörper nahebringen (Beugung im Hüftgelenk, Taschenmesser, Rumpfaufrichten).

Beim Aufrichten des Oberkörpers aus der Rückenlage darauf achten, daß die Beine nicht fixiert (festgestellt) werden, da dies zu einer unerwünschten Vergrößerung (Hypertrophie) des Lendendarmbeinmuskels führt und es zu einem Beckenkippen nach vorn kommen kann (siehe auch im Kapitel „Prophylaxe von Sportverletzungen und Fehlbelastungsschäden").

5. *Rückenmuskulatur* mit dem Heben von Lasten oder des eigenen Rumpfes, bzw. der Arme und Beine.

Das „Kreuz" immer gerade halten. Nie Lasten mit gebeugtem Oberkörper anheben!

Falls der Oberkörper über einen Kasten (oder Pferd) gebeugt ist: Nie über die Horizontalebene hinaus ins Hohlkreuz bewegen – Gefahr von Wirbelsäulenschäden!

Grundsätzlich: Alle Übungen möglichst exakt ausführen!

Noch einige Hinweise zur Organisation des Kreistrainings: Geübt wird *zügig, aber ohne Hast.* Der Beginn und die Beendigung des Übens an den einzelnen Stationen (maximal so viel Sportler wie Stationen) erfolgt auf Kommando oder auf ein akustisches Signal. Straffer Stationswechsel in der vorher festgelegten Reihenfolge. Selbstverständlich kann auch bei „heißer" Musik geübt werden. Nicht die Kontrolle der Herzfrequenz vergessen!

Geringer technischer Aufwand

Für die Durchführung des Kreistrainings braucht man keine aufwendigen technischen Voraussetzungen. Man kann sogar ein effektives Kreistraining ohne jegliche Hilfsmittel absolvieren, indem man beispielsweise einen Kraftkreis nur mit *Partnerübungen* bestückt.

Sehr praktikabel: Herkules-Gerät

Günstig ist es natürlich, wenn Hanteln (möglichst Scheibenhanteln), Federhanteln, Expander, Medizinbälle, eine Bank, eine Sprossenwand und ein Kasten (bzw. Bock) vorhanden sind.

Ideal für das Kreistraining ist das *Herkules-Gerät*, das auf kleinem Raum Möglichkeiten zum Training aller Muskelgruppen bietet.

Vor dem Kreistraining: Erwärmung

Vor Beginn des Kreistrainings ist in jedem Fall eine *allgemeine Erwärmung* notwendig, die aus *leichten gymnastischen Übungen* besteht. Diese Erwärmung bewirkt:

- eine bessere Durchblutung der Muskulatur und eine Erhöhung ihrer Elastizität,
- eine Aktivierung des Stoffwechsels der zu belastenden Muskulatur (der Muskel wird in Leistungsbereitschaft versetzt),
- eine stärkere Durchsaftung der Bänder und Sehnen (Erhöhung der Belastungsverträglichkeit),
- eine Funktionsverbesserung des Nervensystems (optimalere Bewegungskoordination und Reaktionsschnelligkeit.

Die Dauer der Erwärmung sollte etwa *10 Minuten* betragen. Herzfrequenz: 120 bis 140 Schläge pro Minute.

Nach einer ordentlichen Erwärmung fällt das Training leichter. Für die Erwärmung eignet sich auch ein *kurzer Geländelauf.*

Achtung: Eine passive Erwärmung durch durchblutungsfördernde Einreibungen kann nie eine aktive Erwärmung ersetzen! Sie fördert lediglich die Hautdurchblutung. Das damit verbundene angenehme Wärmegefühl täuscht, denn die verbesserte Hautdurchblutung geschieht auf Kosten der Blutzufuhr zum Unterhautfettgewebe und zur Muskulatur, die dadurch gedrosselt wird. Ein negativer Effekt also in Hinblick auf die angestrebte Leistungsbereitschaft der zu belastenden Muskulatur.

Durchblutungsfördernde Einreibungen sollten nur im Verletzungsfall oder zur speziellen Behandlung von Erkrankungen oder Überlastungserscheinungen der Gelenke, Sehnen und Bänder angewendet werden.

10 Beispiele für Erwärmungsübungen:

1.
Armkreisen vor- und rückwärts (Beweglichkeit der Schultern)

2.
Schwingen der Arme vor- und rückwärts (Beweglichkeit der Schultern)

3.
Heben und Senken der Schultern
(Beweglichkeit und Kräftigung des Schultergürtels)

4.
Arme in Seithalte – Trichterkreisen
(Beweglichkeit der Schultern, Kräftigung der Arm- und Schultermuskulatur)

5.
Kopfkreisen
(Beweglichkeit der Halswirbelsäule)

6.
Rumpfkreisen
(Beweglichkeit der Brust- und Lendenwirbelsäule)

7.
Bankstellung – Heben und Senken des Beckens (Beweglichkeit der Wirbelsäule)

8.
Bankstellung – Rückspreizen der Beine mit Nachfedern, rechts und links im Wechsel (Beweglichkeit der Wirbelsäule, Kräftigung der Rückenmuskulatur)

9.
Rückenlage, Nackenhalte der Arme – Anhocken und Strecken der Beine ca. 10 cm über dem Boden (Kräftigung der Bauchmuskulatur)

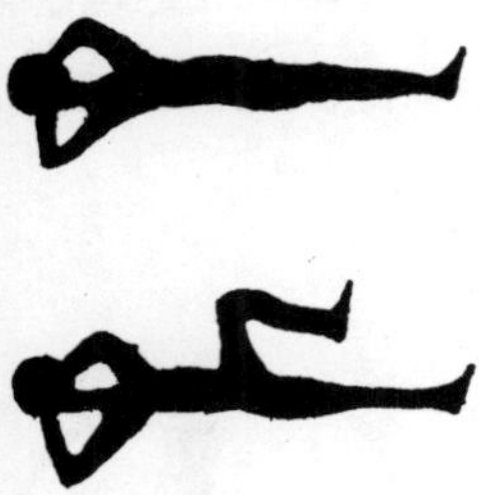

10.
Kniestand – links und rechts neben die Fersen setzen (Beweglichkeit der Hüfte und der Wirbelsäule)

Programm-Vorschläge für das Kreistraining

Im folgenden beschreiben wir *drei Programm-Vorschläge* für das Kreistraining. Wir haben Übungen ausgewählt, die sich für das Kraftausdauertraining in den Disziplinen Enduro und Moto-Cross besonders gut eignen. Selbstverständlich können diese Kraftausdauer-Kreise beliebig variiert werden.

Kraftausdauer-Kreis I

Station 1
Liegestütze mit bzw. ohne Handklatsch
Wirkung: Schultergürtel, Oberarme, Beuger und Strecker

Station 2
Seilspringen
Wirkung: Fuß- und Unterschenkelmuskulatur

Station 3
Aufrichten des Oberkörpers aus der Rükkenlage, mit bzw. ohne Medizinball (Füße nicht fixieren!)
Wirkung: Bauchmuskulatur, Schultergürtel

Station 4
Aufrichten des Oberkörpers auf einem Kasten, aus der Bauchlage bis zur Horizontalen (Hohlkreuz vermeiden!), wobei die Füße an der Sprossenwand oder durch Partner fixiert werden
Wirkung: Bauchmuskulatur, Schultergürtel

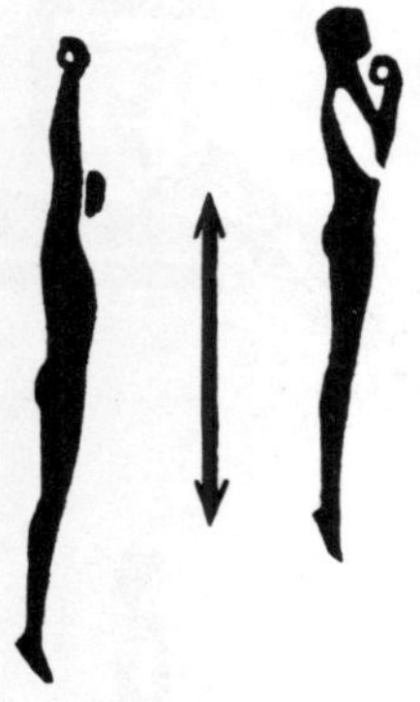

Station 5
Klimmziehen am Hochreck mit bzw. ohne Zusatzlast
Wirkung: Oberarmbeuger, Bauchmuskulatur

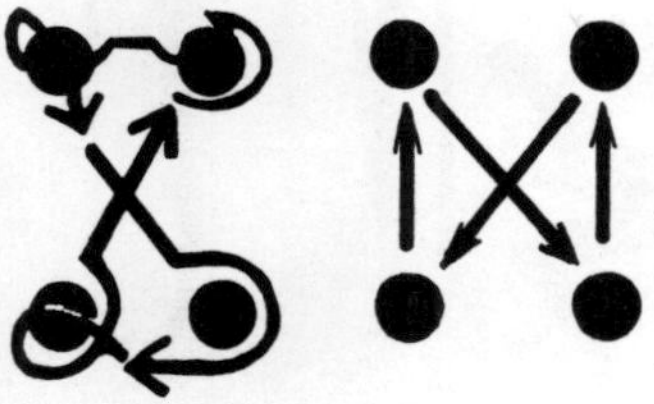

Station 6
Sprintantritte mit Richtungswechsel in einem Quadrat von ca. 5 × 5 m (begrenzt durch Medizinbälle), um die Bälle herumlaufen oder die Bälle überspringen
Wirkung: gesamte Beinmuskulatur, Rumpfmuskulatur

Station 7
Hockwenden über eine Langbank (bzw. Kastenteil) auf der Stelle oder in Vorwärtsbewegung
Wirkung: gesamte Beinmuskulatur, Schultergürtel

Station 8
Aufwärtshaken mit Kurzhantel, rechts und links im Wechsel
Wirkung: Armbeuger, Schultergürtel, Bauchmuskulatur

Station 9
Stoßen einer Scheibenhantel nach oben aus dem Schrägsitz auf einem Stuhl, wobei ein keilförmiges Polster zwischen Rückenlehne und Lendenwirbelsäule geschoben wird – oder aus der Rückenlage auf einer Bank, wobei die Füße bei Beugung im Kniegelenk auf die Bank gestützt werden (wirbelsäulenschonend)
Wirkung: gesamte Ober- und Unterarmmuskulatur, Schultergürtel

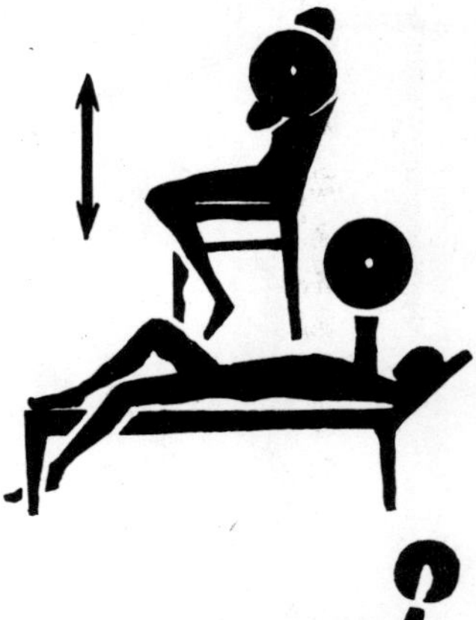

Station 10
Medizinball nach oben werfen, hinsetzen, aufstehen und den Ball fangen – oder Hockstrecksprünge aus der Tiefkniebeuge mit Ausstoßen des Medizinballs senkrecht nach oben
Wirkung: gesamte Beinmuskulatur, Schultergürtel, Oberarmstrecker

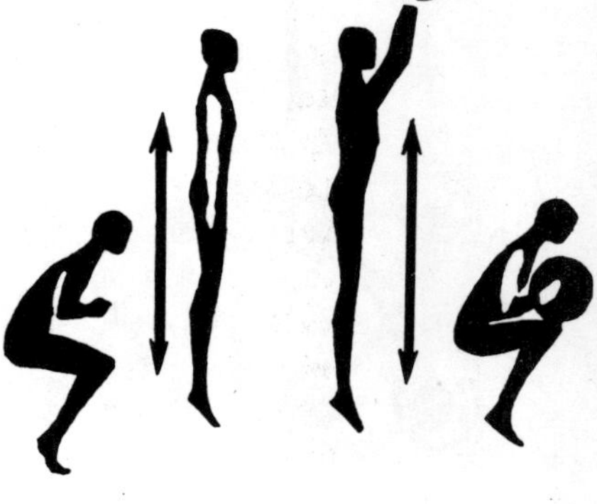

Kraftausdauer-Kreis II

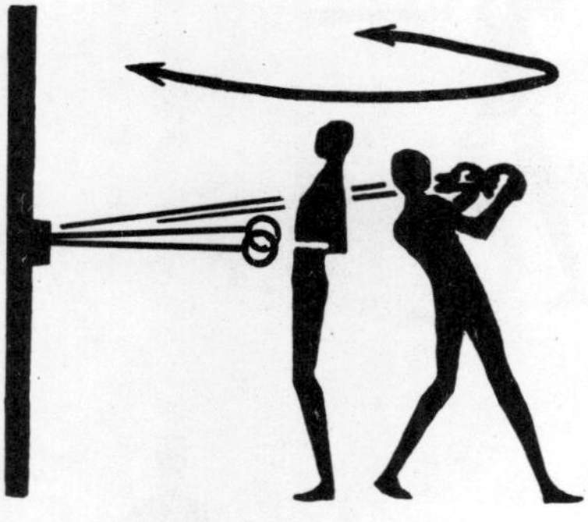

Station 1
Zugübungen mit zwei Gummiseilen, Expandern oder Fahrradschläuchen, die an einer (Sprossen-) Wand befestigt sind, links und rechts im Wechsel, gleichzeitiger Anriß aus der Frontalebene und schnelle Drehung nach links und rechts
- oder mit dem Rücken zur Wand stellen und wechselseitig oder gleichseitig beide Arme strecken
- oder Gummiseile an beiden Enden eines Motorradlenkers befestigen und Lenkbewegungen simulieren (spezifische Kraftausdauer)

Wirkung: Schultergürtel, Oberarmmuskulatur

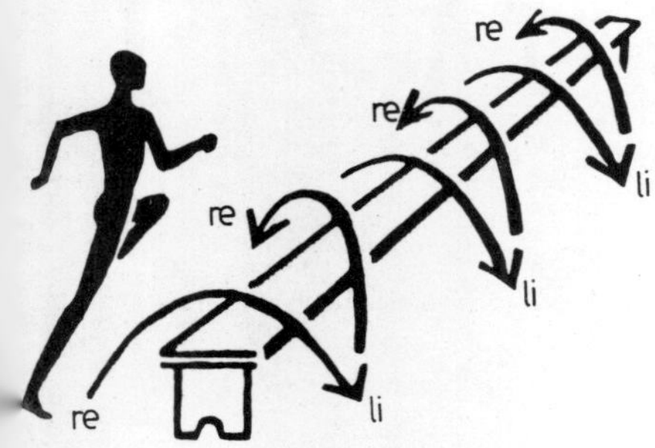

Station 2
Überkreuzsprünge über eine Langbank mit Vorwärtsbewegung (Leistung nach Metern messen)
Wirkung: gesamte Beinmuskulatur

Station 3

Ausstoßen zweier Hanteln wechselseitig nach vorn in der Horizontalen mit Beinwechsel
Wirkung: Schultergürtel, Oberarmmuskulatur, Ur rarm-, Hand- und Fingermuskulatur

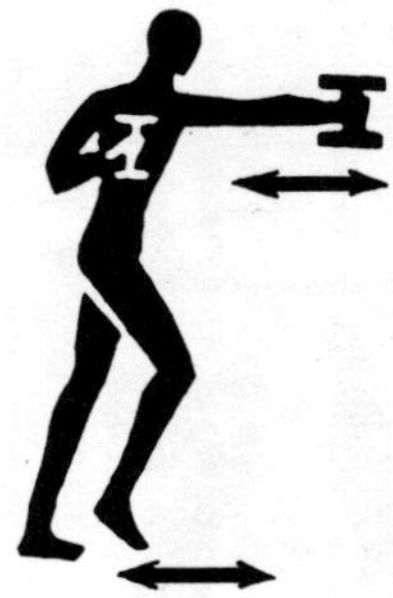

Station 4

Strecksprünge mit Hüfttwist (Verwindung der Hüfte) auf der Stelle
Wirkung: Beinstrecker, Rumpfmuskulatur

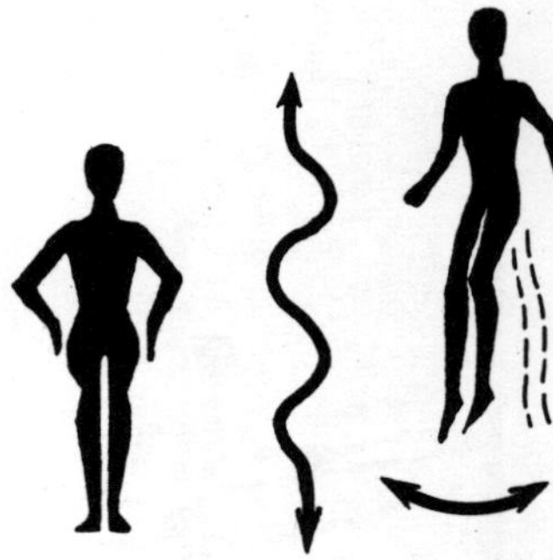

Station 5

Griffübung mit Wickelbewegung, bei der ein Gewicht, das an einer ca. 1 m langen Schnur hängt, auf ein Rundholz aufgewickelt wird
Wirkung: Unterarm-, Hand- und Fingermuskulatur

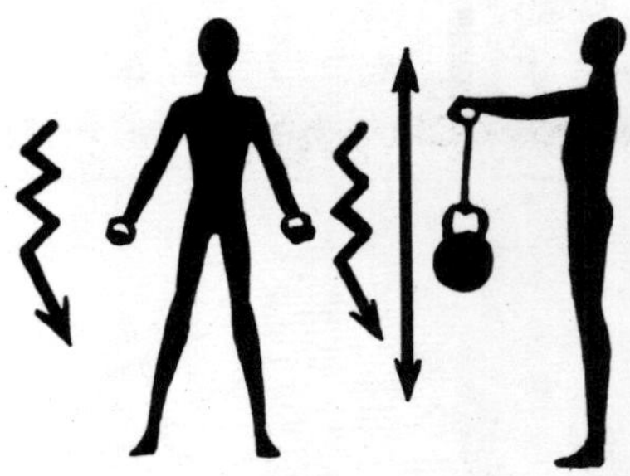

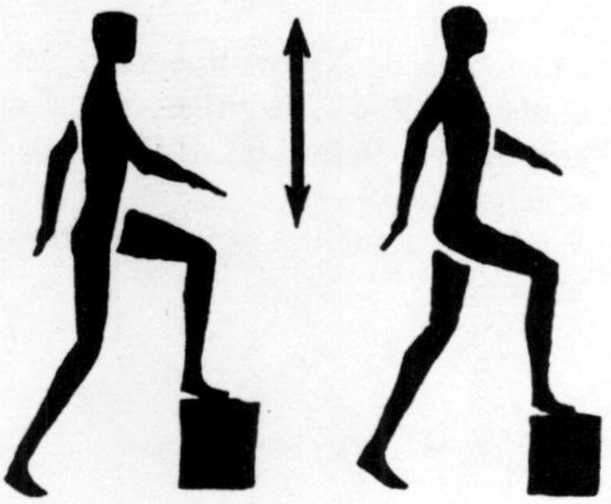

Station 6
Steigeübung am Kasten, links und rechts im Wechsel
Wirkung: Beinmuskulatur

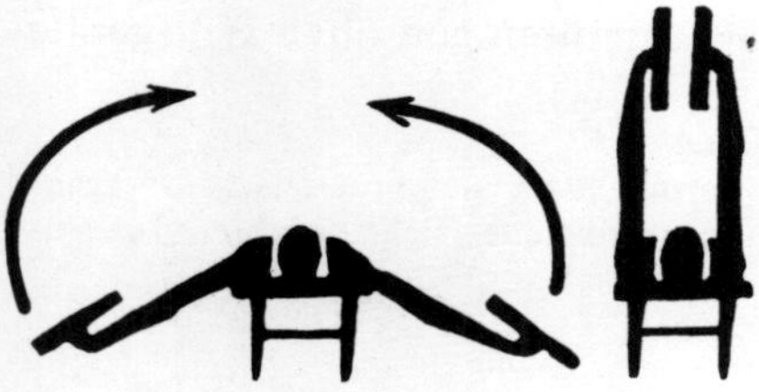

Station 7
Heben zweier Hantelscheiben in Rükkenlage auf der Bank (mit aufgestützten Füßen) aus der Seit- in die Hochhalte
Wirkung: Schultergürtel

Station 8
Entengang nach Metern, auch mit Zusatzlast
Wirkung: gesamte Beinmuskulatur

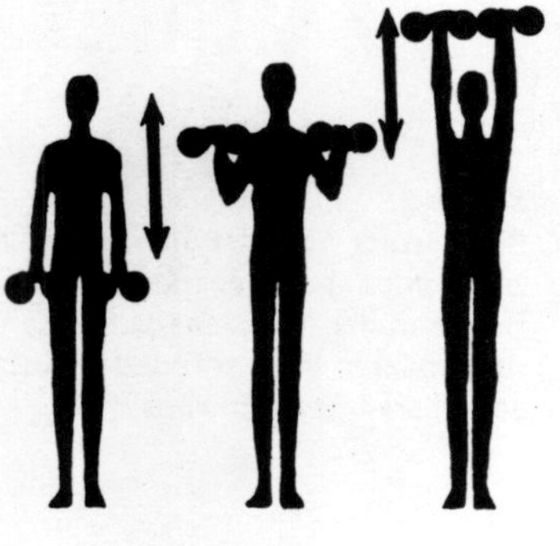

Station 9
Heben und Umsetzen zweier Kurzhanteln – hierbei können auch Federhanteln verwendet werden, die im Rhythmus mit den Händen zusammengedrückt werden.
Wirkung: Hand-, Unterarm-, Oberarm- und Schultergürtelmuskulatur

Station 10
Aufrichten des Oberkörpers aus der Rükkenlage mit gleichzeitiger Beugung der gestreckten Beine im Hüftgelenk („Taschenmesser")
Wirkung: Bauchmuskulatur, Oberschenkelbeuger

Kraftausdauer-Kreis III
Partnerübungen ohne Hilfsgeräte

Station 1
Partner sitzen sich im Grätschsitz gegenüber und ziehen sich abwechselnd gegenseitig nach vorn

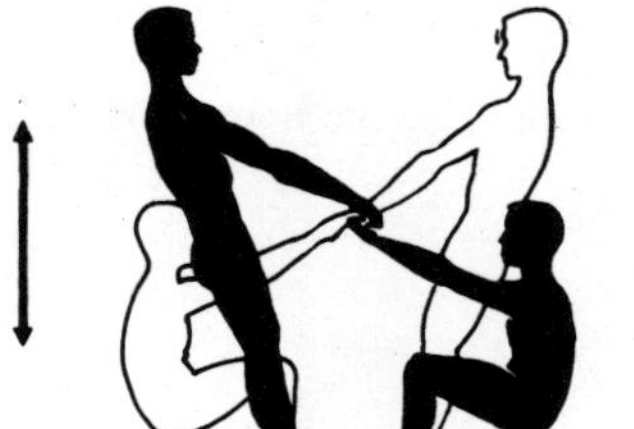

Station 2
Partner stehen sich gegenüber, fassen sich mit gestreckten Armen und hocken sich hin bzw. richten sich wechselseitig auf

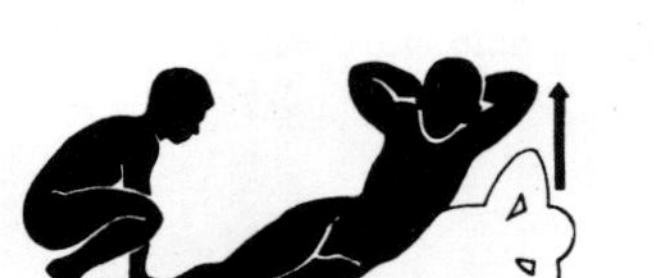

Station 3
Ein Partner befindet sich in der Seitenlage mit quer gegrätschten Beinen, Hände in der Nackenhalte, Beine werden vom anderen Partner fixiert – Aufrichten des Oberkörpers seitwärts

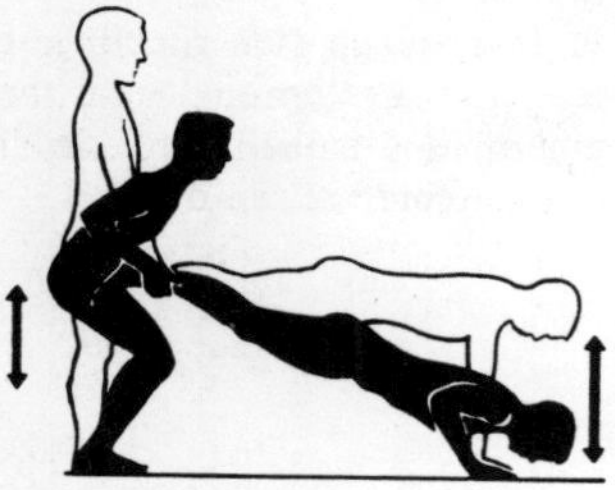

Station 4
Ein Partner hält die gegrätschten Beine des anderen hoch, während dieser Liegestützbeugen durchführt

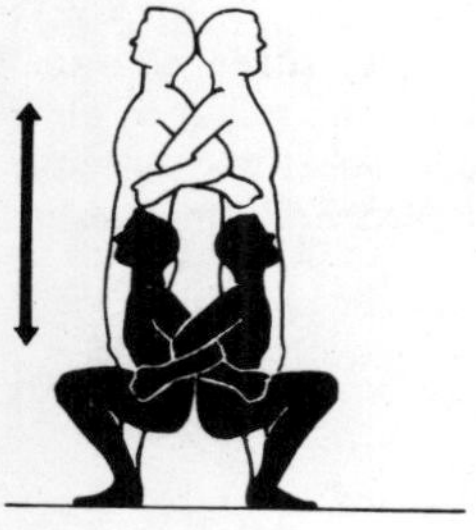

Station 5
Partner stehen Rücken an Rücken, die Arme eingehakt, und machen Kniebeugen

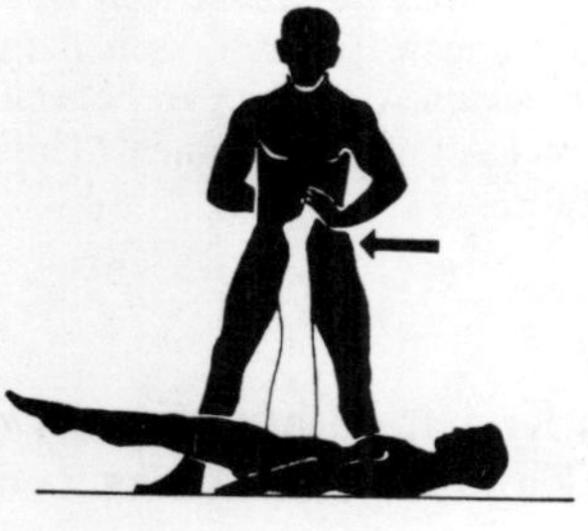

Station 6
Ein Partner liegt auf dem Rücken, bringt die gestreckten Beine bis zum rechten Winkel im Hüftgelenk nach oben, danach drückt der andere (gegen Widerstand) beide Beine wieder nach unten

Station 7
Partner befinden sich im Liegestütz gegenüber, klatschen wechselseitig gegeneinander die Hände

Station 8
Partner stehen sich rücklings gegenüber (ca. 1 m Entfernung) und führen mit einem Medizinball, den sie sich zureichen, Achterkreisen durch

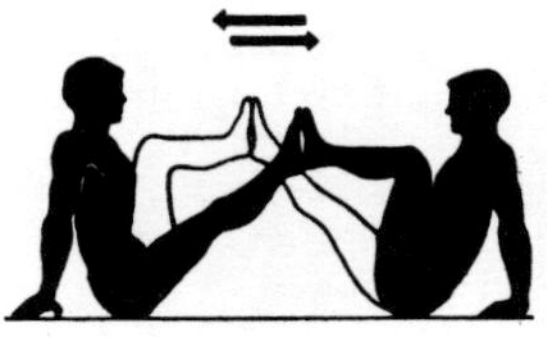

Station 9
Partner sitzen sich im Hocksitz gegenüber und stemmen die Füße gegeneinander, wobei wechselseitig die Beine (ohne Bodenberührung) gestreckt werden

Station 10
Ein Partner befindet sich in Bauchlage, der andere fixiert dessen Beine, die gestreckten Arme werden bogenförmig und wechselseitig über einen Medizinball geführt

Ratsam ist es, nach Beendigung des Kreistrainings einige *Dehnübungen* durchzuführen (siehe auch im Kapitel „Prophylaxe von Verletzungen und Fehlbelastungen").

Ist eine genügende Anzahl von Trainingspartnern vorhanden, kann sich eventuell zur Auflockerung *ein leichtes Sportspiel* anschließen. (z. B. Krebsfußball, Fußball, Tennis, Volleyball, Kastenhandball).

Bewegungskoordination und Beweglichkeit – Trainingshinweise

Die Bedeutung der *koordinativen Fähigkeiten* für einen erfolgreichen Enduro- und Moto-Cross-Fahrstil haben wir schon erläutert. Wir haben in diesem Zusammenhang auf die *Hauptrolle des Fahrtrainings* hingewiesen. Nur durch ein regelmäßiges Fahrtraining lernt man, das Motorrad in jeder Situation absolut sicher zu beherrschen.

Der Anfänger fährt schwerfällig, holprig und kraftaufwendig, weil er die Bewegungsabläufe (Schalten, Gasgeben, Bremsen etc.) noch einzeln durchdenken muß und weil seine Bewegungskoordination (die „Technik") noch mangelhaft ist.

Bei einem guten, regelmäßig fahrenden Akteur hingegen klappt die Bewegungskoordination mit geradezu schlafwandlerischer Sicherheit. Seine motorischen Reflexe und Handlungsabläufe sind eingeschliffen. Da ihm das Fahren weniger Schwierigkeiten bereitet, kann er viel Kraft und Ausdauer sparen.

Tip: Man sollte *jede Gelegenheit zum Motorradfahren nutzen.* Auch im öffentlichen Straßenverkehr kann man das Gefühl für wichtige Zweirad-Realitäten – zum Beispiel Schräglagen, Bremszeitpunkte und Kurvenkräfte – frischhalten.

Andererseits: Wird das Fahrtraining überbetont, kommt es zu einer einseitigen Beanspruchung der Muskulatur, zu Dysbalancen (Ungleichgewichten) und Verkrampfungen – mit entsprechenden negativen Auswirkungen auf die individuelle Leistungsfähigkeit. Darauf haben wir an anderer Stelle bereits hingewiesen.

Also müssen die koordinativen Fähigkeiten *auch im allgemeinen Training* geschult werden. Ein Grundpfeiler ist hierbei das Erlernen und die saubere Ausführung anspruchsvoller Bewegungsabläufe. Sie sollten insbesondere die Gewandtheit und den Gleichgewichtssinn fördern. Kompliziertere Körperübungen wie sie zum Teil in den drei Kraftausdauer-Kreisen beschrieben wurden, können dazu unter erschwerten Bedingungen probiert werden – beispielsweise nach einer Vorbelastung, in verkürzter Zeit oder nach vorheriger Reizung des Gleichgewichtssinns (Körperdrehungen, Vorwärts- und Rückwärtsrolle).

Für die Schulung der koordinativen Fähigkeiten generell gut geeignet: *Turnübungen, Zweikampf-Sportarten, Tennis, Tischtennis und Federball.*

Auch die Bedeutung einer guten *Beweglichkeit* haben wir bereits betont. Zur Erinnerung: Es geht um die Fähigkeit, Bewegungen in

Man sollte jede Gelegenheit zum Motorradfahren nutzen

den Gelenken mit großer Amplitude (Schwingungsweite) ausführen zu können.

Schlechte Beweglichkeit – beispielsweise im Schultergürtel und im Hüft-Lenden-Bereich – hat negativen Einfluß auf die Gewandtheit und die Reaktionsschnelligkeit und vergrößert die Sturzgefahr in fahrerischen Grenzsituationen! Gute Beweglichkeit ist die Voraussetzung für Bewegungsökonomie (Verringerung der Bremswirkung der Sehnen, Bänder und Muskelantagonisten) und damit kraftsparend.

Wie kann die Beweglichkeit verbessert werden?

Zu Beginn jeder Trainingseinheit (Fahrtraining, Kreistraining etc.) werden nach gründlicher Erwärmung *aktive und passive Dehnübungen* im Grenzbereich der Schwingungsweite durchgeführt (siehe im Kapitel „Prophylaxe von Verletzungen und Fehlbelastungsschäden“, Abschnitt „Dehnübungen“).

Nach Beendigung der Trainingseinheit – allerdings nicht in stark ermüdetem Zustand – werden noch einmal einige Dehnübungen besonders für die gerade beanspruchte Muskulatur absolviert.

Das Beweglichkeitstraining muß unbedingt *ganzjährig* durchgeführt werden, insbesondere die Dehnübungen. Denn bei Vernachlässigung kommt es sehr schnell zum Verlust der mühsam erworbenen Beweglichkeit.

Fahrtraining – die Grundlagen

Wie man sitzt, so fährt man

Die richtige *Sitzposition* spielt in den Geländedisziplinen Enduro und Moto-Cross eine sehr große Rolle. Sie ist gewissermaßen die erste Voraussetzung für einen sicheren und ökonomischen Fahrstil. Hängt man in verkrampfter Haltung auf dem Motorrad, werden Lenkfehler sowie vorzeitige Ermüdung provoziert. Kurz gesagt: *Wie man sitzt, so fährt man.*

Bevor man zur ersten Geländetour startet, sollte man in Sachen Sitzposition drei *technische Hinweise* beachten:

1. Damit es zu keiner unnatürlichen Körperhaltung kommt, *muß der Lenker richtig eingestellt werden.* Ist er zu tief befestigt, ruht das Körpergewicht zu sehr auf den Handgelenken. Es besteht die Gefahr von Verstauchungen im Handgelenkbereich. Wird er zu hoch montiert, verkrampft die Schultermuskulatur. Wie ist es richtig? Der Lenker muß so eingestellt sein, daß man locker und aufrecht sitzt und die Unterarme etwa parallel zum Boden verlaufen. Unter Umständen (z. B. bei kleinen Fahrern mit kurzen Armen) muß sogar die Lenkerbreite den individuellen Maßen und Bedürfnissen angepaßt werden. Wichtig ist auch, daß Kupplungs- und Bremshebel so plaziert sind, daß man sie sowohl im Stehen als auch im Sitzen schnell und ohne Verrenkungen betätigen kann.

2. Auch der *Abstand von der Sitzbank zur Fußraste* hat Einfluß auf die Sitzposition. Ist er beispielsweise zu klein, dann gerät der Kniewinkel zu spitz. Dies ist auf längeren Strecken ziemlich unangenehm. Außerdem: Ein zu spitzer Kniewinkel erhöht den Knieinnendruck, was zu einer Schädigung des Gelenkknorpels führen kann. Also auch hier, wenn es technisch möglich ist, eine ergonomisch

günstige Relation herstellen. Auf die Fußrasten wiederum müssen natürlich Schalt- und Fußbremshebel abgestimmt sein.

3. Die *Sitzbank* darf nicht zu weich oder zu hart sein. Bei zu weicher Polsterung leidet das Fahrgefühl (schwammiger Kontakt zum Motorrad), bei extremer Härte muß man mit schmerzhaften Sitzbeschwerden rechnen. Durch das Ausprobieren unterschiedlicher Kerne für die Polsterung kann man die individuell günstigste Variante finden.

Wenn diese Hinweise beachtet werden, kann man in *natürlicher Haltung* auf dem Motorrad sitzen und ermüdet nicht so schnell.

Fahren im Stehen

Alte Gelände-Weisheit: Im Stehen ist das Motorrad leichter zu beherrschen. Gelände-Spezialisten fahren viel im Stehen. Bei Moto-Cross-Rennen stehen die Spitzenpiloten sogar die meiste Zeit in den Rasten.

Das Fahren im Stehen hat *entscheidende Vorteile:*

1. Der gemeinsame Schwerpunkt von Fahrer und Maschine wandert nach oben. Erreicht wird ein Optimum an für „Lenkungszwecke“ einsetzbarer Masse. Schon durch zentimeterweise Verlagerung des Körpers läßt sich die Maschine leicht in die gewünschte Spur oder Lage bringen. Selbst bei höherer Geschwindigkeit sind schnelle Lenkmanöver möglich.

2. Im Stehen kann der Körperschwerpunkt über die Gelenke (Fuß, Knie, Hüfte) verlagert werden, wie es gerade erforderlich ist – in alle Richtungen, auch seitlich versetzt.

3. Im Stehen wird das Vorderrad stärker belastet. Dadurch verbessert sich die Lenkfähigkeit des Motorrads.

4. Die Gefahr, daß man von harten Bodenwellen oder Löchern abgeworfen wird, ist im Stehen wesentlich geringer. Zwischen Sitzbank und Gesäß ist Luft; Arme und Beine wirken als zusätzliche Stoßdämpfer. Harte Schläge übertragen sich nicht auf die Wirbelsäule.

5. Beim Fahren im Stehen ermüdet man nicht so schnell.

6. Stehend hat man im Gelände einen besseren Überblick. Auf plötzlich auftauchende Hindernisse kann schneller reagiert werden. Für Enduro-Sonderprüfungen ist dies besonders wichtig.

Voraussetzung beim Fahren: eine lockere und natürliche Sitzposition

Das Fahren im Stehen hat entscheidende Vorteile

Der Körperschwerpunkt kann in alle Richtungen verlagert werden

Mit etwas angebeugten Armen und Beinen kann man locker federn

Fazit: Man sollte im Gelände so viel wie möglich im Stehen fahren.

Natürlich wird man bei langen Enduro-Wettbewerben öfter sitzen. Gut ist es, die Körperhaltung möglichst oft zu *variieren*, um Ermüdungserscheinungen der Muskulatur vorzubeugen (Wechsel zwischen Stehen und Sitzen).

Für das Fahren im Stehen ist eine natürliche, unverkrampfte Haltung notwendig. *Arme und Beine werden dabei etwas angebeugt*, damit man mit dem Körper locker federn kann.

Weicher Untergrund, Sandboden

Auf weichem Untergrund, insbesondere auf Sandboden, fährt man im Stehen. Wer hier sitzt und womöglich noch die Beine auf dem Boden mitpaddeln läßt (häufig zu beobachten!), verliert schnell das Gleichgewicht.

Auf weichem Untergrund fährt man im Stehen (S. 78)

Problematisch: Moto-Cross-Kurse auf Sandboden (S. 79)

Wichtig ist auch, daß man sich nicht in Schraubstockmanier überängstlich an den Lenker klammert. Die Maschine unverkrampft halten und mit Gefühl sowie dosiertem Körpereinsatz dirigieren. *Nur dort fest zufassen, wo es notwendig ist.*

Regel: Je schneller man auf weichem Untergrund fährt, desto weniger Wackler gibt es. Damit man hier auf Tempo kommt, verlagert man das Körpergewicht möglichst weit nach hinten über das angetriebene Rad.

Gerade auf Sandboden muß der kürzeste Weg zur nächsten Ecke nicht zwangsläufig der schnellste sein. Ein fester Untergrund (z. B. eine Grasnarbe), auf dem man besser vorankommt, macht ein paar zusätzliche Meter mehr als wett.

Auf Sandpisten bilden sich in kürzester Zeit tiefe Spurrinnen, Löcher und regelrechte Ketten von Bodenwellen. Trotzdem werden *Moto-Cross-Kurse auf Sandboden* oft unterschätzt. Hauptsächlich dann, wenn sie sich vor Rennbeginn glattplaniert darbieten. Für einen unerfahrenen Akteur ist es kaum vorstellbar, wie schnell sich der Charakter einer solchen Strecke ändern kann: Nach zwei oder drei Runden ist sie unerhört ausgefahren.

Harter Boden

Auf hartem Untergrund ist es ratsam, das Motorrad relativ locker zu halten und zu bewegen; bei flacheren Rinnen das Vorderrad frei laufen lassen, bei tieferen gilt es, sich rechtzeitig für die günstigste Spur zu entscheiden. Beim Beschleunigen aus der Fahrt heraus das Körpergewicht nach hinten verlagern.

Vor Bodenlöchern das Vorderrad total entlasten oder sogar leicht anheben, so daß es nicht hineinstaucht, sondern nur deren Ränder bzw. Kuppen berührt. Im Training sollte man das Anheben des Vorderrads – ruckhaftes Beschleunigen mit der Kupplung, Gewichtsverlagerung nach hinten – und das Fahren auf dem Hinterrad so lange üben, bis es als technische Fertigkeit in Fleisch und Blut übergegangen ist.

Ist der harte Untergrund mit vielen Unebenheiten gespickt, fährt man im Stehen und ist damit vor Überraschungen sicher, weil man einen besseren Überblick hat.

Vor Löchern oder Kanten: Vorderrad anheben

Schwierigkeiten langsam steigern

Der Enduro- oder Moto-Cross-Anfänger sollte nicht gleich schwierigstes Gelände unter die Räder nehmen. Denn wenn zu viele Streßsituationen oder Stürze den Start begleiten, leidet das Selbstvertrauen.

Das *Training im Gelände* beginnt man am besten auf holprigen, aber nicht zu schmalen Feldwegen. Wer auf derartigen „Pisten" gut zurechtkommt, sucht sich als nächstes eine hüglige Wiese oder sandigen Boden aus, wo man auf tückische Unebenheiten wesentlich schneller reagieren muß.

Achtung: Immer nur so schnell fahren, wie man gucken kann. Der Blick muß dem Motorrad immer einige Meter voraus sein. Wer kopflos durch die Gegend stürzt, zahlt viel Lehrgeld in Form von Stürzen oder Karambolagen.

Am Ende der Eingewöhnungsphase können dann schwierigere Waldstrecken anvisiert werden – mit Wurzelwerk, Bodenrillen, Schlammlöchern oder engen Hohlwegen (abwärts und aufwärts).

Wer seinen Gelände-Einstieg auf Moto-Cross-Strecken beginnt, sollte auch hier auf dem Boden seiner aktuellen Fähigkeiten bleiben. Extreme Abschnitte, zum Beispiel steile Sprunghügel, nicht gleich ins Übungsprogramm der ersten Woche nehmen.

Für Fortgeschrittene: schwieriges Gelände

Standard-Übung: Fahren auf dem Hinterrad (linke Seite)

Allerdings: *Es muß von Anfang an auch auf Tempo gefahren werden.* Die Stoppuhr ist deshalb ein wichtiges Trainingsrequisit. Die Rundenzeiten sollten zur Selbstkontrolle notiert werden.

Sektionstraining

Durch regelmäßiges Training verbessern sich die Fahrfertigkeiten ganz entscheidend. Dabei kommt es aber darauf an, sich schon zu Beginn die *richtige Technik* anzueignen.

Falsch ist es, wenn man ausschließlich längere Strecken bzw. ganze Cross-Runden trainiert. Jedes technische Detail (z. B. Kurvenfahren, Springen) und jede Wettkampfsituation (z. B. Start, Überholen) müssen auch *einzeln* geübt werden.

Man teilt sich den Geländekurs – entsprechend den darin enthaltenen Problemen – in *Sektionen* ein. Jede Sektion kennzeichnet dann eine technische Übung. Zum Beispiel:
Sektion 1 – Start von der Linie
Sektion 2 – Sprung am Sprunghügel
Sektion 3 – Spurrinnenfahren im Schlamm
Sektion 4 – Kurvenfahren
Sektion 5 – Beschleunigung auf gerader Strecke

An jeder Sektion wird solange geübt, bis die richtige Fahrtechnik sicher beherrscht wird. Günstig ist es, wenn ein technisch versierter Fahrer oder der Trainer hierbei Demonstrationsvorführungen geben kann. Ist dies nicht möglich, muß das jeweilige Trainingsziel, also die anzustrebende Fahrtechnik, exakt und im Detail erklärt werden. Fahrfehler sollten noch in der Trainingseinheit gemeinsam ausgewertet und korrigiert werden. Als Anschauungshilfen können Foto-, Film- und Videoaufnahmen dienen.

Hinweis zur Organisation: Auch das Sektionstraining sollte möglichst mit Stoppuhr erfolgen, damit Fortschritte meßbar werden. An bestimmten Sektionen ist die Zeitnahme sogar unumgänglich, zum Beispiel wenn man den Start und die sich daran anschließende Beschleunigungsphase übt (eventuell noch mit der ersten Kurve).

Natürlich braucht man eine große Anzahl von Trainingseinheiten, um die Fahrfertigkeiten auf ein hohes Niveau zu bringen. Nur häufiges und konzentriertes Üben bringt Fortschritte.

Selbst Spitzenfahrer sollten das Sektionstraining beibehalten. Denn mit den Zehntelsekunden, die man beispielsweise an den hei-

Sektionstraining: Sprung mit dem Motorrad

Noch während des Trainings: gemeinsame Auswertung der Fahrfehler

ßen Ecken einer Moto-Cross-Strecke gegenüber der Konkurrenz gutmacht, kann man sich im Laufe mehrerer Runden einen sicheren Vorsprung erarbeiten oder wenigstens ein PS-Handicap kompensieren. Für Moto-Cross-Sportler ist das Sektionstraining also besonders wichtig.

Abschließend zwei prinzipielle Bemerkungen:

1. Je weniger Schwierigkeiten das Fahren bereitet, um so weniger Kraft benötigt man. *Eine gute Fahrtechnik spart Kondition.*

2. Man sollte versuchen, sich von Anfang an eine *weiche, runde Fahrtechnik* anzueignen, die wenig Kraft erfordert. Das ist speziell für Enduro-Wettbewerbe wichtig, weil dadurch auch das Motorrad geschont wird (Gasgriff, Kupplung, Schalt- und Bremshebel mit viel Gefühl bedienen!).

Startposition, Starttechnik

Grundvoraussetzung für einen schnellen Start im Gelände ist die *richtige Sitzposition.* Der Fahrer hat beim Start drei physikalische Aspekte zu berücksichtigen:

1. Das Motorrad hat das Bestreben, beim Beschleunigen mit dem Vorderrad aufzusteigen.

2. Zwischen Antriebsrad und Untergrund tritt ein erheblicher Schlupf auf.

3. Die Balance und die Richtungsstabilität des Motorrads sind auf den ersten Metern besonders gefährdet.

So startet man richtig:

Der Fahrer sollte *im vorderen Drittel der Sitzbank* aufsitzen. Der Oberkörper wird so weit nach vorn gebeugt, daß der Brustkorb etwa ein bis zwei Handbreit über dem Lenker und der Kopf noch vor der Startnummer liegt. Über die seitlich abgewinkelten Arme wird der Oberkörper mit Druck auf dem Lenker abgestützt, damit das Vorderrad nicht unkontrolliert abhebt. Das ist die *„Startposition"*.

Dabei steht nur der Bremsfuß (in direkter Fortsetzung der Oberkörperlinie) auf dem Boden und hält Maschine und Fahrer im Gleichgewicht. Der andere Fuß befindet sich auf der Raste. Mit ihm kann man zusätzlichen Druck nach unten geben und gleich den nächsten Gang schalten.

Außerdem: Wenn der linke Fuß auf der Raste steht (Fußspitze zeigt nach unten), läßt sich durch sofortiges Abstützen verhindern,

„Startposition“ – nur der Bremsfuß stützt die Maschine

Der linke Fuß befindet sich auf der Raste

Der Oberkörper wird mit Druck auf den Lenker abgestützt

Beschleunigung: nach dem Start blitzschnell kuppeln und schalten

daß man beim Beschleunigen ungewollt auf der Sitzbank nach hinten rutscht.

Tatsache ist jedenfalls: Wenn beim Start beide Füße auf dem Boden stehen, ist die Gefahr, daß man beim Losfahren das Motorrad verreißt, wesentlich größer.

Wichtig für die letzten Sekunden: Nicht nervös auf der Sitzbank herumrutschen, sondern *ruhig und konzentriert auf der Maschine sitzen,* damit die Startbalance gewährleistet ist. Voller Druck auf Lenker, Sitzbank und (linke) Fußraste. Noch ein paarmal ruhig durchatmen.

Das sogenannte *Einwippen* ist nur für Enduro-Moto-Cross-Sonderprüfungen sinnvoll, bei denen man den Moment des Starts selbst bestimmt. Beim Moto-Cross kann es mit dem Fallen des Startgitters nicht koordiniert werden. Womöglich ist man gerade „oben", wenn der Start ausgelöst wird und kann dann überhaupt keinen Druck nach unten geben.

So funktioniert das Einwippen: Durch Druck auf die Sitzbank das Motorrad in der Hinterradfederung herunterdrücken und wieder hochkommen lassen. Beim Start muß man „unten" sein und dabei die Kupplung kommen lassen. Mit diesem technischen Trick kann man die Traktion merklich verbessern.

Bei der Vorbereitung des Starts kontrollieren, ob der vorgesehene Gang auch wirklich eingelegt ist. Tip: Auf schlüpfrigem oder aufgewühltem Boden kommt man mit dem *zweiten Gang* meist besser und schneller vom Start weg. Das trifft schon für eine 250-Kubikzentimeter-Maschine zu.

Um den Start zu gewinnen, muß der Fahrer sehr schnell sein. Beim Beschleunigen werden deshalb alle Gänge so rasch und so exakt wie möglich durchgeschaltet. Zum Kuppeln ist nur wenig Zeit: *Blitzschnell muß der Kupplungshebel betätigt werden. Das Gas bleibt dabei voll stehen.*

In der 125-cm^3-Klasse wird beim Moto-Cross die Kupplung von den Fahrern meist nur angetippt. Es gibt sogar Moto-Cross-Akteure, die beim Start die Gänge ohne Kuppeln durchreißen, was zur Nachahmung jedoch nicht unbedingt zu empfehlen ist.

Entscheidend für das Spurhalten der Maschine: Beide Räder müssen den Bodenkontakt behalten. Natürlich kann es bei einem Vollgas-Start zum kurzzeitigen Aufsteigen des Vorderrads kommen. Durch den Körpereinsatz und die gefühlvolle Dosierung der Gaszufuhr sollte man jedoch verhindern, daß es mehr als 30 Zentimeter abhebt.

Das Bremsen

Eine Vielzahl von Fahrern macht beim Bremsen Fehler, die schon im Training zur Gewohnheit geworden sind. Was ist zu beachten? Man muß wissen, daß man bei voller Fahrt oder in Kurven keine maximale Verzögerung erreichen kann, ohne daß die sichere Führung des Motorrads entscheidend beeinträchtigt wird. Ein guter Fahrer hält beim Bremsen beide Räder knapp vor dem Schleudern und achtet darauf, daß das Hinterrad nicht abhebt.

Prinzipiell: Die *Vorderradbremse* spielt eine große Rolle, aber man muß im Gelände ein besonderes Gefühl dafür entwickeln, wann das Vorderrad zu blockieren beginnt. Geht es um eine optimale Bremswirkung, müssen unbedingt *beide Bremsen* benutzt werden – auch auf Steilabfahrten.

Speziell im Sand wird hingegen überwiegend hinten gebremst.

Beim Abbremsen aus langsamer Fahrt sollte man auf die Hinterradbremse weitestgehend verzichten, um ein Abwürgen des Motors zu vermeiden.

Vor Kurven ist der Beginn des *Anbremsens* so zu wählen, daß beim Einfahren in die Kurve beide Bremsen wieder gelöst sind (mehr dazu im Abschnitt „Kurventechnik“).

Meist reichen schon zwei Finger fürs Bremsen

Anbremsen: Beim Einfahren in die Kurve müssen beide Bremsen wieder gelöst sein

Auf glattem Untergrund (z. B. nasses Gras) und auf Abfahrten sollte man auch ganz bewußt die *Bremswirkung des Motors* ausnutzen.

Technischer Hinweis: Die Einstellung der Vorderradbremse so regulieren, daß immer noch ein Spiel am Handhebel vorhanden ist.

Kurventechnik

Der Weg zum erfolgreichen Gelände-Fahrstil führt über eine gute Kurventechnik. Dies ist vor allem für Moto-Cross-Sportler bedeutsam, denn Moto-Cross-Rennen werden nicht auf den Sprunghügeln oder Tempogeraden, sondern im Labyrinth der Kurven entschieden. Häufig bestehen Moto-Cross-Kurse bis zur Hälfte aus Kurven-Passagen.

Meist verlaufen die Kurven nicht breit ausladend, sondern in Winkeln zwischen 90 und 45 Grad. Es gibt Moto-Cross-Strecken, da häufen sich die Spitzkehren. *Fest steht: An engen Ecken kann man Sekunden gutmachen – oder verlieren.*

Kurvenfahren ist eine Kunst, die gezieltes Training und schnelle Reaktionen voraussetzt. Im Gelände beherrschen nur wenige Fahrer diese Kunst bis an die Grenze des technisch Möglichen. Wie durchfährt man Geländekurven am schnellsten? Für gängige, nicht allzu spitze Kurven sollte man sich folgende Technik aneignen.

1. Anbremsen
Bereits beim Ansteuern der Kurve ist volle Konzentration notwendig. Entscheidend ist, daß man so spät wie möglich, aber (gerade) noch rechtzeitig anbremst.

Verzögert wird mit der Vorderrad- und Hinterradbremse gleichzeitig, wobei die Vorderradbremse wichtiger ist. Dabei das Motorrad fest im Knieschluß halten. Wenn der Boden glatt ist: in Intervallen bremsen und die Bremswirkung des Motors nutzen.

Spitzenakteure fahren fast alle Kurven im Stehen an. Beim Anbremsen wird das Gesäß nach hinten verlagert, eventuell drückt man mit ihm leicht auf die Sitzbank.

Am Kurveneingang werden beide Bremsen gelöst, und man setzt sich auf der Sitzbank blitzschnell ganz nach vorn, um das Vorderrad zu belasten. Auch daran denken, rechtzeitig herunterzuschalten.

Bei Hochleistungsmotorrädern muß man aufpassen, daß man den Motor nicht ausbremst. Also darauf achten, daß die Drehzahl nicht zu weit abfällt.

2. Kurvenfahrt
Die Standard-Regel läßt sich in einem Satz sagen: *Wenn die Bremsen gelöst sind, streckt man das kurveninnere Bein weit nach vorn aus, bringt das Motorrad in die Kurvenschräglage und gibt sofort wieder Gas.*

Wie funktioniert diese Technik im Detail?

Es gibt zwei Möglichkeiten, das Motorrad in die notwendige Schräglage zu bringen.

Erste Variante: Man legt sich mit der Maschine in die Kurve. Der dazu notwendige Kraftaufwand ist gering. Der Motorradschwerpunkt folgt dem verlagerten Schwerpunkt des Fahrers. Fahrer und Maschine bilden fast eine Linie. Je größer die Kurvengeschwindigkeit, desto größer die notwendige Schräglage. Im Gelände bietet sich das *Legen* aber nur bei weiträumigen und schnellen Kurven an.

Zweite Variante: Kurze, gewaltsame Drehung der Lenkung zur

Alles oder nichts: An engen Ecken kann man Sekunden gutmachen

ACERBIS

Am Kurveneingang nach vorn setzen

Das kurveninnere Bein nach vorn, das Motorrad in die Schräglage und gleich wieder Gas geben

Kurventechnik: Legen

Kurventechnik: Drücken (Der Blick richtet sich schon zur nächsten Ecke!)

54

Kurvenaußenseite bei gleichzeitigem Gaswegnehmen. Oberkörper gegen die Kurve legen. So wird eine extreme Schräglage des Motorrads möglich – Voraussetzung für eine hohe Kurvengeschwindigkeit. Diese Fahrweise ist das *Drücken.* Hierbei benötigt der Fahrer für die Schwerpunktverlagerung relativ viel Kraft. Je größer die Masse des Fahrers im Verhältnis zum Motorrad ist, desto leichter klappt das Abwinkeln.

Für engere Moto-Cross-Kurven ist das Drücken die passende Variante.

Auf glattem Untergrund ist in Kurven auch ein *kontrollierter Slide* möglich. Bei der Spurwahl muß schon der Verlauf der nächsten Kurven sondiert werden.

Was ist bei der Beinhaltung zu beachten?

Das kurveninnere Bein wird nach vorn gestreckt, um das Gleichgewicht zu halten und das Motorrad im Bedarfsfall abstützen zu können. Außerdem geht es darum, den Fuß davor zu schützen, unter der Maschine eingeklemmt und verdreht zu werden.

So ist es richtig: Bein nicht voll durchstrecken, sondern ganz leicht anbeugen. Fuß und Unterschenkel so halten, daß im Sprunggelenk

Das Vorderrad muß unten bleiben, der linke Fuß muß schnell wieder auf die Raste (rechts)

Bodenkontakt nur mit der Ferse suchen (S. 96)

Mit der „Startposition“: Beschleunigen nach der Kurve (S. 97)

Spitzkehren-Technik: das Hinterrad schleudert im Kurvenradius

Ein Slide funktioniert nur auf relativ ebenem Untergrund

ein Winkel zwischen 70 bis 90 Grad entsteht. Den Kontakt zum Boden – falls notwendig – nur mit der Ferse suchen, während die Zehen nach oben gezogen werden. Das ergibt einen festen Kraftschluß zwischen Fuß und Unterschenkel.

Achtung: Jede Bodenberührung des Fußes ist ein Verletzungsrisiko. Außerdem bringt das „Fußeln" keine Tempovorteile.

Das Abstützen in der Kurve kann – insbesondere bei großgewachsenen Fahrern – zur schlechten Angewohnheit werden. Kleine Fahrer hingegen, die, bedingt durch die extremen Federwege, meist „hoch zu Roß" sitzen, lernen beizeiten einen Kurvenstil, bei dem die Füße auf den Rasten bleiben.

3. Beschleunigen aus der Kurve
Beim Beschleunigen aus der Kurve heraus richtet man das Motorrad wieder auf und geht mit dem Körper sofort in die *„Startposition"*. Beschleunigt wird mit der Kupplung oder durch kräftiges Gasgeben.
Hinweis: Je früher beide Füße wieder auf den Rasten stehen, um so eher stabilisiert sich das Motorrad. Erst mit der richtigen Belastung bringt man wieder die ganze Kraft der Maschine auf den Boden und kann voll beschleunigen. Unbedingt mit dem Körper vorn bleiben. Wer auf der Sitzbank nach hinten rutscht, kann das Motorrad nicht mehr beherrschen!

Spezialtechnik: Spitzkehren

Wie kommt man schnell und sicher durch enge Spitzkehren? Hier drei gängige Techniken:

Variante 1: Der Fahrer zieht das Motorrad mit möglichst hoher Geschwindigkeit in die Kehre und stößt sich hinter ihrem Scheitelpunkt mit dem kurveninneren, ausgestreckten Bein kräftig am Boden ab (Hinterrad dabei nach unten drücken). Dadurch fängt er die Maschine ab und gibt ihr – bei gleichzeitigem, kräftigem Gasgeben – den Schwung in die neue Richtung.

Nachteil: Beim Abstoßen kann man sich unter ungünstigen Umständen den Fuß verstauchen oder sogar ernsthaft verletzen.

Variante 2: In dem Moment, in dem die Maschine in der Kehre halb herum ist, soviel Gas geben, daß das Hinterrad ausbricht. Aber eben nur soviel – und dies ist der Trick des Ganzen –, daß das Hinterrad exakt in die neue Richtung geschleudert wird. Danach volle

Gleich wird in die neue Richtung beschleunigt

Bandenkurven (Anlieger) lassen sich mit viel Gas nehmen

An der Bande kann man auch extreme Schräglagen fahren

Wenn sich die Maschine querstellt oder ein Rad über den Rand rutscht, ist die Sturzgefahr groß

Für Kurven muß man einen speziellen Spurblick entwickeln

Beschleunigung geradeaus. Nur, falls notwendig, mit dem kurveninneren Bein kurz abstützen. Manche Enduro- und Moto-Cross-Akteure beherrschen diese elegante und effektive Wendemethode geradezu perfekt.

Variante 3: Beim Anbremsen betätigt man vor dem Kurvenscheitelpunkt die Hinterradbremse so stark, daß das Hinterrad dadurch ausbricht. Das Vorderrad steht fast, und das Hinterrad schleudert im Kurvenradius, als ob es die Maschine überholen will. Wenn das Hinterrad so weit herum ist, daß es genau auf der Linie der neuen Richtung liegt, wieder voll geradeaus beschleunigen. So kommt man sehr schnell durch die Spitzkehre.

Aber: Eine Slide-Technik funktioniert nur auf relativ ebenem Untergrund. In tiefem Sand geht es (langsamer) nur mit Legen oder Drücken herum.

Nur Übung macht den Spitzkehren-Meister. Im Training gehört das Fahren von Spitzkehren regelmäßig ins Ausbildungsprogramm.

Aufgabenstellung: Zwei gegenüberliegende Spitzkehren (60 bis 80 Meter Entfernung), die durch Streifenband-Markierungen simuliert sind, müssen nach Zeit (Stoppuhr!) umfahren werden. So eine „Runde“ in 8-Form – die Start/Ziel-Linie befindet sich am Kreuzungspunkt der Fahrspuren – schult Anbrems-, Kurven- und Beschleunigungstechnik gleichzeitig.

Natürlich gibt es noch eine Vielzahl von Kurven-Sonderfällen. Hier nur noch einige Tips für die sogenannten *Bandenkurven*, die auch als *Anlieger* bezeichnet werden.

Bandenkurven sind Kurven mit einer tiefen, festgefahrenen Spur, die an der Außenseite durch einen aufgeworfenen Bodenwall – die Bande (Anlieger) – begrenzt wird. Derartige Kurven entstehen oft erst während des Wettbewerbs und werden durch weiteres Befahren immer stärker ausgearbeitet. Sie lassen sich mit hoher Geschwindigkeit nehmen. Fahrregel: Man muß in die Bandenkurve schnell einfahren und dann das Motorrad stark abwinkeln. Wenn die Räder Führung und Abstützung an der Außenbande gefunden haben, wird sofort voll beschleunigt. Dabei darf man sich nicht von der starken Fliehkraftwirkung überraschen lassen. Exakt und konzentriert mit dem Vorderrad dem Bandenverlauf folgen. Denn wenn sich die Maschine querstellt oder ein Rad über den Rand rutscht, läßt sich ein Sturz kaum noch vermeiden.

Was ist die schnellste Spur?

Von einer *Ideallinie* kann man eigentlich auch in bezug auf die Gelände-Pisten sprechen. Nur: Der richtige Strich, der fast nie der Ideallinie eines Straßenfahrers entspricht, ist schwer zu finden. Hinzu kommt, daß sich die Beschaffenheit der Strecke während eines Wettbewerbs ständig verändert.

Für Kurven muß der Spitzenfahrer einen ganz speziellen *Spurblick* entwickeln.

Nicht immer kommt man in der Innenspur am schnellsten voran. Umgekehrt ist vielleicht eine äußere Bandenspur (oder eine feste Grasnarbe) nicht von Vorteil, wenn man innen per Vollgas-Slide herumsetzen kann.

Nur auf ebenem Untergrund und bei großen Kurvenradien ist es generell ratsam, die Kurve von außen nach innen anzuschneiden. Wichtig bei der Spurwahl: *Immer den jeweiligen Untergrund mit berücksichtigen.* Anfänger sollten schauen, welche Spur die Spitzenfahrer wählen.

Den Blick und das Gefühl für schnelle Spuren kann man sich im Training auf Teststrecken erarbeiten. Stets mehrere Spuren für die

Sprungsituationen sind typisch für Moto-Cross

CAGIVA
2

Kurven probieren und die gefahrenen Zeiten vergleichen. Danach die günstigste Linie trainieren.

Sprünge

Sprünge über natürliche oder künstliche Hindernisse gehören zu den *typischen Merkmalen des Moto-Cross-Fahrens.* Aber selbst im Zuverlässigkeitswettbewerb einer Enduro-Veranstaltung können urplötzlich Fahrsituationen auftreten, die große Sätze verlangen.

Andererseits: Die Räder haben während des Springens keinen Bodenkontakt und können demzufolge keine Motorleistung übertragen. Zudem werden bei der Landung das Fahrgestell der Maschine und der Organismus des Fahrers erheblich beansprucht. Also bringt es überhaupt nichts ein, zur Freude der Zuschauer spektakuläre Höhenflüge zu veranstalten. *Es sollte nur dort gesprungen werden, wo es das Geländeprofil tatsächlich erfordert.*

Zweckmäßige Sprünge dienen der schnellen und sicheren Überwindung von Mulden, Gräben, Rinnen, Hügeln oder anderen Gelände-Unebenheiten. Dabei muß in der jeweiligen Situation genau kalkuliert werden. Meist ist ein kurzer, flacher Sprung mit anschließender Beschleunigung sinnvoller als ein weiter Sprung, der mit vollem Risiko angegangen wird.

Ebenso unterschiedlich wie die Hindernisse ist auch die *Sprungtechnik.* Patentrezepte sind rar, doch gilt: Grundsätzlich nicht mit stehenden Rädern abspringen. Sie sollten auf jeden Fall noch rollen, auch wenn man vorher stark bremsen mußte.

Unmittelbar vor dem Sprung steht man bereits in den Rasten. Hat man wenig Tempo, wird noch einmal kurz Gas gegeben. Achtung, richtige Dosierung, sonst bäumt sich das Motorrad auf wie ein scheuendes Pferd, und aus Angst verreißt man das Vorderrad. Bei der richtigen Dosis steigt das Motorrad vorn nur leicht hoch.

Nicht immer ist es ratsam, beim Absprung am Lenker zu ziehen. Es reicht, das Körpergewicht zu verlagern: Mit nahezu gestreckten Armen auf der Sitzbank nach hinten rutschen.

Der Sprung setzt *federnde Gelenke* voraus. Die Maschine besitzt sie in ihrer aufwendigen Federungstechnik. Aber damit allein ist es noch nicht getan. Der Fahrer muß seinen Körper gewissermaßen mitfedern lassen. Auf die Sprungtechnik übertragen bedeutet das:

Der Fahrer muß sich beim Absprung in den Fußrasten strecken,

Beim Absprung steht man in den Rasten

Sinnvoll: Mit einem flachen Sprung über die Gelände-Unebenheiten

48

Landung auf dem Hinterrad

Landung auf dem Vorderrad

Durch das Berühren der Sitzbank unterbindet man einen zu hohen Flug (links)

Riskant: nach vorn überzogener Sprung

damit er „leichter“ wird. In der Luft kann er die Flugbahn des Motorrads korrigieren. Er läßt die Maschine so weit hochkommen, bis er die Sitzbank wieder berührt – und unterbindet damit einen zu hohen Flug.

Kurz vor dem Aufsetzen gleitet das Motorrad wieder nach unten weg. Gas wegnehmen, damit das Hinterrad vor dem Aufsetzen die Drehzahl hat, die der augenblicklichen „Fahrgeschwindigkeit“ entspricht.

Bei der Landung müssen Arme und Beine mit den Muskeln und Gelenken Federungsarbeit verrichten, um den Aufprall weich abzudämpfen.

Landung auf dem Hinter- oder auf dem Vorderrad? Oder auf beiden Rädern gleichzeitig? Beim Moto-Cross bevorzugen die meisten Fahrer die Landung auf dem Hinterrad. Entsprechend nehmen sie die Gewichtsverlagerung vor. Beim Aufsetzen muß das Körpergewicht dann nach vorn verlagert werden, damit das Vorderrad auf den Boden gelangt.

Insbesondere Enduro-Spitzenfahrer setzen auf eine andere Landetechnik. Sie bringen das Vorderrad eine Winzigkeit eher auf den Boden als das Hinterrad. Ihr Argument: Die harte Kippbewegung fällt weg. Dadurch kracht das sensible Vorderrad nicht so stark auf den Boden, die Gefahr des Verreißens wird geringer – man kann schneller weiterfahren. Im übrigen läßt sich bei einer derartigen Landetechnik – falls notwendig – sofort vorn die volle Bremskraft auf den Boden bringen.

Problematisch wird die Landung jedenfalls nur dann, wenn man das Motorrad nach vorn oder nach hinten stark *überzieht.* In solchen Situationen können auch die größten Verrenkungen den unfreiwilligen Abstieg kaum noch verhindern.

Wie kann man das Springen lernen? Zuallererst sollte man sich mit der Technik theoretisch vertraut machen und sich den Handlungsablauf detailliert einprägen. Moto-Cross-Rennen geben dafür guten Anschauungsunterricht. Dann nimmt man erst einmal an einem einfachen Sprunghügel Maß. Man fährt ihn zunächst wie jede beliebige Bodenwelle ohne Sprung ab, legt beim zweitenmal schon ein wenig mehr Tempo vor, steigert dies immer mehr, bis die Geschwindigkeit erreicht wird, bei der sich die Maschine von selbst vom „Schanzentisch“ löst.

Nach und nach kann man sich dann an *kompliziertere Sprungsituationen* heranwagen. Zum Beispiel an den Absprung aus einer Kurve

Sicher und elegant: Sprung in leichter Kurvenschräglage

oder in eine Kurve hinein, wo das Motorrad sofort abgewinkelt und dem Kurvenradius angepaßt werden muß.

Die neuerdings gängigen *Sprungtische* erfordern mutiges Herangehen: Nicht auf dem Tisch landen, sondern einen weiten Sprung versuchen und erst auf der Tischabfahrt per Hinterrad aufsetzen. Bei kürzeren *„Waschbrett"-Passagen* springend (mit leicht angehobenem Vorderrad) versuchen, bis zur Mitte gleich mit einem Satz zu kommen.

So lange (und immer wieder) üben, bis die Sprünge locker und absolut sicher beherrscht werden. Man wird feststellen, daß mit dem gezielten Einsatz des Oberkörpers auch extreme Lagen der Maschine wieder ausbalanciert werden können.

Noch ein Hinweis: Beim Absprung ist es ratsam, das Motorrad fest zwischen die Knie zu nehmen. Sonst kann es passieren, daß man von den Fußrasten abhebt und nur noch am Lenker mit dem Motorrad verbunden ist.

Mit dem Einsatz des Oberkörpers kann man auch extreme Lagen meistern

Steilauffahrten – Steilabfahrten

Da Enduro-Wettbewerbe fast ausnahmslos in bergigen Gegenden stattfinden, ist unterwegs immer mit deftigen *Steilauf- und -abfahrten* zu rechnen. Jeder zünftige Moto-Cross-Veranstalter baut auf seinem Kurs ähnliches ein. Im Extremfall kann mit Steigungen (und Abfahrten) von über 45 Prozent gerechnet werden.

Enduro-Akteure müssen in solchen Fällen blitzartig die günstigste Spur finden. Moto-Cross-Fahrer haben es besser: Sie können sich schon im Training auf Problem-Passagen einstellen.

Steile Anstiege bewältigt man generell im Stehen. Das Körpergewicht muß so weit nach vorn verlagert werden, daß die Maschine mit beiden Rädern am Boden bleibt. Wichtig: Der richtige Gang, mit dem die Zugkraft des Motors voll umgesetzt wird, muß rechtzeitig eingelegt sein, denn ein Herunterschalten am Berg gelingt nur selten. Der vorhandene Schwung von der Anfahrtstrecke her ist maximal auszunutzen.

Kurze Steilauffahrten kann man meist mit Vollgas nehmen. Auf langen Steigungen, insbesondere auf Geröllboden, nur soviel Gas geben, wie es der Boden zuläßt.

Falls man am Berg hängenbleibt und die Maschine abzukippen droht: rechtzeitig herunterspringen und neben der Maschine herlaufen, bis die Steigung überwunden ist. Oder die Maschine längs zum Hang stellen, damit im Moment des Anfahrens nicht der extreme Steigungswinkel zu überwinden ist (gefühlvoll einkuppeln!). Falls man an einer Stelle partout nicht weiterkommt, lieber seitlich wieder herunterfahren und neuen Anlauf nehmen, als hier zuviel Zeit verlieren.

Bei Steilabfahrten (nicht zu schnell angehen!) wird derselbe Gang benutzt wie auf den Anstiegen. Das Körpergewicht weit nach hinten verlagern und dosiert beide Bremsen einsetzen, falls die Bremswirkung des Motors nicht ausreicht. Vorsicht: Die Räder müssen immer noch greifen; sie dürfen nicht ins Rutschen kommen!

Gute Enduro-Fahrer bewältigen alle Abfahrten (auch sehr steile) im Stehen und können dabei die Maschine sehr sicher beherrschen.

Unser Tip: Von Anfang an versuchen, auch Abfahrten im Stehen zu nehmen! Natürlich gehört etwas Mut und Überwindung zu dieser Methode. Man wird aber erstaunt feststellen, daß es im Stehen viel besser den Berg hinunter geht.

Überhaupt: Die Angst vor Steilauf- und -abfahrten muß schon im

Falls man hängenbleibt: absitzen

Steile Anstiege bewältigt man im Stehen

elf

Training überwunden werden. Also bewußt an steilen Hängen üben und so die psychologischen Barrieren abbauen. Beim Moto-Cross kann man einen extremen „Kanten“ ja erst einmal (vor dem Pflichttraining) zu Fuß begutachten und dadurch die Hemmungen kompensieren. Meist sehen Berg-Passagen aus der Ferne problematischer aus, als sie in Wirklichkeit sind.

Wasser, Schlamm, Morast

Mit *Wasserdurchfahrten* muß speziell auf Enduro-Strecken gerechnet werden. Bei manchen Veranstaltern gehören diese natürlichen Hindernisse gewissermaßen zum Standard-Repertoire. Dabei sind Wassertiefen von 30 bis 40 Zentimetern keine Seltenheit.

Normale Pfützen oder kleine Bäche können meist im vollen Speed genommen werden: Durch kräftiges Gasgeben und schnelle Gewichtsverlagerung nach hinten läßt man das Vorderrad kurz hochsteigen und durchquert das Waser *auf dem Hinterrad.* So kommt die Triebwerkstechnik mit dem Wasser kaum in Berührung, und man selbst wird nicht von oben bis unten naßgespritzt. Spitzenfahrer erkennt man daran, daß sie auch bei Wasser-„Einlagen“ trocken und sauber ins Ziel kommen.

Bei tieferen und breiteren Wasser-Hindernissen muß man vorsichtiger zu Werke gehen. Hier auf keinen Fall zu schnell ins Wasser hineinfahren. Unter Umständen den ersten Gang benutzen und das Vorderrad langsam eintauchen lassen, damit man sich ungefähr ein Bild von der Wassertiefe machen kann. Die Bugwelle vor der Maschine sollte nicht zu groß werden. Deshalb erst dann mehr Gas geben, wenn sich die Welle geteilt hat und – flacher werdend – an der Maschine links und rechts vorbeirollt.

Wer gut in der Zeit liegt, kann auch vor dem Wasser kurz anhalten und sich erst einmal ansehen, wie ein anderer Akteur hindurchfährt. Oder man hat Glück, daß engagierte Zuschauer lautstark auf die beste Furt aufmerksam machen. Führt der Enduro-Kurs längs durch einen Wassergraben, hat man – etwas Mut und Geschick vorausgesetzt – häufig die Chance, mit Tempo oberhalb des Wassers auf den schrägen Seitenwänden zu fahren.

Mit *Schlamm und Morast* ist auf jedem Geländekurs zu rechnen –

Steilabfahrt im Wald: natürlich im Stehen

176

Bei sehr tiefer Spur: Beinunterstützung

Auf dem Hinterrad kommt man trocken durch eine Wasser-Passage (links oben und rechts unten)

Wenn das Motorrad festsitzt: absitzen und die Räder einzeln aus dem Schlamm ziehen

insbesondere bei Regenwetter. In derartigen Passagen geht es um die blitzschnelle Wahl der richtigen Spur. Beispielsweise ist es nicht günstig, in einem zunehmend tiefer werdenden Gleis weiterzufahren. Sitzen in der Hauptspur bereits mehrere Fahrer fest, sollte man sich hier nicht mit Vollgas als nächster festwühlen (häufig zu beobachten!), sondern links oder rechts eine *Alternative* suchen. Übrigens: Schlamm läßt sich meist da am besten durchfahren, wo das meiste Wasser steht, weil dort fester Untergrund vorhanden sein muß.

Zur Körperhaltung: Wenn die Spur nicht extrem tief ist, fährt man *auf schlammigem Untergrund* am besten *im Stehen.* Den Lenker dabei relativ fest im Griff haben. Wer sich hoffnungslos festgefahren hat, der sollte gleich absitzen und die Räder nacheinander einzeln aus dem Morast ziehen.

Schneeboden

Wenn der erste Meisterschaftswettbewerb bereits im März gestartet wird, muß man im ungünstigen Fall auf einer geschlossenen Schneedecke zurechtkommen. Das ist jedoch nicht so schwierig, wie es anmutet. Man kann auf Schnee mit vollem Tempo fahren, muß allerdings auf darunter versteckte Bodenunebenheiten gefaßt sein. Und natürlich ist bei Schneeglätte eine spezielle Bremstechnik erforderlich: In Intervallen bremsen oder die Bremswirkung des Motors ausnutzen! Wichtig ist, daß vor dem Wettkampf bereits einige Male auf Schneeboden trainiert wurde.

Überhaupt: Bei Schnee und Kälte muß ein Winter-Fahrtraining nicht ausfallen. Voraussetzung ist lediglich eine zweckmäßige Bekleidung. Das Fahren in hohem Schnee ist ziemlich anstrengend und deshalb gut für die Schulung der Kondition.

Trialtraining

Trial ist quasi die Hohe Schule des Motorradfahrens im Gelände. Worum geht es? Auf einem Trialkurs sind natürliche und künstliche Hindernisse, markiert als sogenannte Sektionen, zu bewältigen, ohne daß die Füße von den Rasten genommen werden. Die Hindernisse:

Bei tieferen Wasser-Hindernissen: langsamer fahren

Man kann auf Schnee mit vollem Tempo fahren

Ideal für junge Einsteiger: Fahrrad-Trial

tiefe Erdfurchen, Steine, Wurzelwerk, Baumstämme, Steilhänge oder Sand-Passagen. Gefordert und trainiert wird das ganze Spektrum des Fahrkönnens, das auch die perfekte Artistik des Langsamfahrens auf dem Balancegerät Motorrad einschließt. Das Trial bringt eine hervorragende *Gleichgewichtsschulung.*

Einleuchtend: Enduro- und Moto-Cross-Sportler können vom Trialtraining sehr profitieren. Anfänger sind deshalb gut beraten, wenn sie sich an Trial-Wettbewerben beteiligen, die vielerorts auch für Fahrer von Serienmaschinen veranstaltet werden. Ganz nebenbei: Führerschein-Neulinge, die Trial trainieren, tun ganz effektiv etwas für die Erhöhung ihrer persönlichen *Verkehrssicherheit.*

Die jüngsten Moto-Cross- und Enduro-Eleven sollten sich erst einmal beim *Fahrrad-Trial* oder *Fahrrad-Cross* das Abc der Geländefahrtechnik aneignen, bevor sie sich in den Mokicksattel schwingen.

Verbessert die Fahrfertigkeiten: Trialtraining

Spezielles für den Wettkampf

Noch einmal: Die Gelände-Disziplinen Enduro und Moto-Cross haben *viele Gemeinsamkeiten.* Deshalb konnten wir ein für beide Disziplinen gleichermaßen praktikables Programm für das Ausdauer-, Kraft- und Fahrtraining aufstellen.

Tatsache ist jedoch: In der Wettkampfführung gibt es zwischen Enduro und Moto-Cross *gravierende Unterschiede* (siehe im Kapitel „Definitionen, Wettkampfregeln ...“). Aus diesem Grund muß die unmittelbare Wettkampfvorbereitung auch nach verschiedenen, ganz speziellen Programmen erfolgen.

Enduro

Wettkampfübungen

Für Enduro-Wettkampfübungen gibt es keine Katalog-Rezeptur. Bei dieser *speziellen Form des Fahrtrainings* geht es um eine direkte Vorbereitung auf die Wettkampfanforderungen, um wettkampfgemäße Bewegungsausführung und um wettkampfgerechtes Verhalten. Wettkampfübungen sollten in den letzten Wochen vor Beginn der Wettkampfsaison und vor sportlichen Höhepunkten (z. B. Meisterschaften oder internationale Wettbewerbe) mehrfach wöchentlich in das Trainingsprogramm eingebaut werden.

Grundsatz: Immer so wettkampfnah wie möglich trainieren! Dabei sollte man versuchen, sich auf die am Wettkampfort anzutreffenden *Geländebedingungen* bewußt und frühzeitig einzustellen. Beispiel: Wenn bei einem wichtigen Wettbewerb überwiegend Sandböden zu erwarten sind, muß in den letzten Trainingswochen vorwiegend auf Sand gefahren werden. Dadurch kann man seinen Fahrstil darauf einstellen und auch gleich ein entsprechendes Tempo-Zeit-Gefühl entwickeln.

Ein besonderer Vorteil der Wettkampfübungen: Die Belastung kann auf einzelnen Trainingsabschnitten im Vergleich zum Wettkampf wesentlich *intensiver* gestaltet werden. Dies bewirkt eine gute konditionelle Anpassung.

Vorschläge für effektive Enduro-Wettkampfübungen:

1. *Langstrecken-Fahrtraining* auf einem Rundkurs von 5 bis 10 Kilometern Länge, der besondere Geländeschwierigkeiten enthält.

Training auf einem Cross-Rundkurs

Sektionstraining: Start im Gelände

Vor der nächsten Runde: Trainerhinweise zur Verbesserung der Fahrtechnik

Dauer: etwa 90 bis 120 Minuten; mindestens 45 Minuten ohne Pause. Das entspricht dem Maßstab einer langen Wettbewerbsetappe und schult die spezifischen Ausdauerfähigkeiten. Dabei können auch Zeitfahrpläne getestet und das richtige Verhalten an Kontrollstellen geübt werden. Zusätzliche Aufgabe: Nach mehreren Runden stoppen und den Kurs in umgekehrter Richtung befahren. Dies fördert die Orientierungs- sowie die Anpassungsfähigkeit und die Reaktionsschnelligkeit.

2. *Training auf einem moto-cross-ähnlichen Kurs* von 2 bis 4 Kilometer Länge unter Zeitlimit (etwa 80 Prozent der Maximalgeschwindigkeit). Dauer: etwa zweimal 45 Minuten. Jeweils nach 35 Minuten „Halt"-Signal und ohne große Vorbereitung 2 bis 3 Runden im Vollgastempo mit maximalem Einsatz fahren. Diese Einlagen nach einer längeren Vorbelastung sind ein hervorragendes Training für die Sonderprüfungen.

3. *Sektionstraining* mit maximalem Einsatz – zum Beispiel Moto-Cross-Start, Schlamm- oder Sandpassagen und Beschleunigungstests im Gelände.

Beim Hinterherfahren zum Vordermann einen Abstand von 20 bis 30 Metern halten

54

4. Im *Trainingslager* kann man sich – bei entsprechender Organisation (Zwischenmahlzeiten, Mittag, Bekleidung zum Wechseln) – auch mal *einen ganzen Tag* im Gelände aufhalten. Zum Beispiel: vormittags Langstrecken-Fahrtraining, nachmittags Sektionstraining und lockeres Fahrtspiel (z. B. „Fuchsjagd").

Taktische Vorbereitung

Eine richtige Taktik sichert den effektiven Einsatz des eigenen physischen und psychischen Leistungsvermögens unter Beachtung des Gegnerverhaltens und der aktuellen Wettkampfbedingungen.

Eine der Grundvoraussetzungen für den Erfolg ist die genaue Kenntnis der *Wettkampfbestimmungen.* Da das Enduro-Reglement ziemlich kompliziert ist, sollten schon in der Vorbereitungsperiode – also in den Wintermonaten – alle Neuerungen und Besonderheiten aufmerksam studiert werden. Im Wettkampf muß man die zahlreichen Bestimmungen traumwandlerisch sicher beherrschen. Ansonsten kassiert man haufenweise Strafpunkte.

Unmittelbar vor der Enduro-Veranstaltung muß man sich mit den anstehenden *Wettkampfbedingungen* vertraut machen. Eventuell Sportkameraden befragen, die das Wettkampfterrain bereits von früheren Enduro-Veranstaltungen her kennen.

Gemeinsam mit dem Trainer oder erfahrenen Sportlern sollten die aktuellen Wettkampfaufgaben rechtzeitig diskutiert werden. Dazu gehört auch die Analyse der in den Zeittabellen angegebenen Kilometer- und Minutenvorgaben von Zeitkontrolle zu Zeitkontrolle. Ist das Gelände kompliziert? Wo könnte die Zeit knapp werden?

Bei genauer Kenntnis der Konkurrenz ist Nachwuchssportlern das *Hinterherfahren* hinter einem Spitzenakteur zu empfehlen. Das gilt besonders dann, wenn Fahrer des gastgebenden Klubs bzw. des Veranstalterlandes mit in der Startreihe stehen oder kurz dahinter starten. Denn bei diesen Fahrern ist ja die Kenntnis der örtlichen Geländebesonderheiten vorauszusetzen.

Hinweis: Wer das Hinterherfahren praktizieren will, sollte zum Vordermann einen Abstand von 20 bis 30 Metern einhalten. Er kann dann die Maschine des Konkurrenten genau beobachten, eventuelle Bodenunebenheiten am Springen des Motorrads gut erkennen und die eigene Fahrweise rechtzeitig darauf einstellen.

Noch ein Gesichtspunkt: Bei *Mannschaftswettbewerben* – zum Beispiel bei der Internationalen Enduro-Sechstagefahrt (Six Days) – sollten die einzelnen Fahrer so eingesetzt werden, daß ihre individu-

Start: mit Konzentration, ohne Hektik

ellen Stärken für das jeweilige Team den höchsten Nutzen bringen. Das betrifft auch den Klasseneinsatz.

Minuten vor dem Start

In den letzten Minuten vor dem Start ist volle Konzentration auf die anstehenden Wettkampfaufgaben geboten. Man beginnt mit einer zehnminütigen *Aufwärmgymnastik*, der sich einige Dehnübungen anschließen. Das aktiviert die physische Leistungsbereitschaft und überspielt das Startfieber.

Nachdem die Maschine aus dem geschlossenen Parkraum, dem Parc ferme, geholt wurde, wird ihre *Technik* per Checkliste noch einmal überprüft (Bowdenzüge, Kettenspannung usw.). Nicht vergessen, den korrekten Reifenluftdruck einzustellen. In Gedanken geht man letztmalig die ersten Streckenabschnitte durch. Dabei könnte man auch noch etwas Fingergymnastik (Kupplungshand!) machen.

Wer weiß, daß sein Motorrad konkurrenzfähig und er selbst fahrerisch und konditionell gut vorbereitet ist, kann den Wettkampf mit einem gesunden Selbstvertrauen aufnehmen.

Sich rechtzeitig zum Vorstart begeben und beim Startzeichen das Motorrad ruhig und konzentriert in Gang setzen. Nicht nervös werden, wenn die Maschine nicht gleich anspringt.

Die Zuverlässigkeitsfahrt

Die Enduro-Zuverlässigkeitsfahrt ist kein Gelände-Wettrennen. An erster Stelle steht das *sichere und exakt pünktliche Ankommen* nach dem vorgegebenen individuellen Zeitplan. In Sichtweite sind meist nur Konkurrenten, die die gleiche oder eine um wenige Minuten differierende Startzeit hatten. Andererseits: Bei sehr straffen Zeitvorgaben, schwerer Spur oder ungünstigen Witterungsverhältnissen muß man, um (zeit-)strafpunktfrei zu bleiben, auf manchen Streckenabschnitten den Gasgriff bis zum Anschlag drehen.

Der Reiz der Geländetour liegt darin, daß der Fahrer imstande sein muß, blitzartig die Situation zu erkennen und gleichzeitig eine Entscheidung zu fällen, welches die beste Spur ist.

Immer nur so schnell fahren, wie man gucken kann! Dieses allgemeine Grundprinzip ist für die Enduro-Zuverlässigkeitsfahrt geradezu oberstes Gesetz. Der Blick muß dem Motorrad immer um 10 Meter voraus sein und das Gelände genau sondieren.

Ein junger Nachwuchssportler sollte versuchen, frühzeitig seinen *eigenen Stil* zu finden, der den persönlichen Körper-Eckdaten (Größe, Gewicht, Hebelverhältnisse) und physischen Voraussetzungen entspricht. Nicht gedanken- und kritiklos irgendeinen Spitzenfahrer kopieren. Vorsicht: Wer als Anfänger mit Mühe und Not am Hinterrad eines schnellen Vorbilds klebt, übersieht Gefahrenstellen und kommt gar nicht dazu, den eigenen Strich zu finden.

In der Regel ist es angebracht, die *erste Schleife etwas zügiger* anzugehen – unabhängig davon, ob A- oder B-Zeit angesetzt ist. Denn in unbekanntem Terrain funktioniert das Gelände-Zeitgefühl nicht hundertprozentig sicher. Dessen ungeachtet muß man aufpassen, daß man auf den ersten Kilometern nicht gleich das Letzte riskiert. Auch die Kondition nicht vorzeitig verpulvern!

Wichtig ist, daß im Team die *Zeitinformation* klappt. Denn wer die Fahrzeiten aus den Sonderprüfungen kennt (die eigene Zeit und die Resultate der Konkurrenz), kann danach seine Taktik für die noch verbleibenden Wettkampfabschnitte abstimmen. Ebenso nützlich sind natürlich Informationen über Stürze, technische Ausfälle oder andere Problemsituationen der Konkurrenz.

Häufig wird man feststellen, daß man viel zu schnell gefahren ist. Eine gewisse *Zeitreserve* sollte aber nach Möglichkeit immer herausgefahren werden – beispielsweise für die Behebung von eventuellen Reifenpannen. Hat man etliche Minuten „Vorsprung“, kann das Tempo wieder etwas reduziert werden. Zeitreserven lassen sich natür-

Endurotypisch: Wettkampfabschnitte im öffentlichen Straßenverkehr

Die Augen müssen das Gelände genau sondieren

„Noch eine halbe Minute bis zu deiner Zeit“

Auf blanker Felge zur Zielkontrolle: Die Reifenmontage muß aus Zeitmangel auf den nächsten Morgen verschoben werden

Gibt Kraft: die Unterstützung der Fans an der Strecke

lich am besten in leichtem Gelände oder auf Straßenabschnitten, die oft mit eingebaut sind, herausfahren, wobei auf der Straße natürlich die Verkehrsbestimmungen und die zulässigen Höchstgeschwindigkeiten eingehalten werden müssen.

An den *Zeitkontrollen* sollten sich Trainer, Betreuer oder andere Helfer um ein sicheres Timing kümmern. Günstig ist es, wenn es dafür einen speziellen Verantwortlichen gibt. „Noch eine Minute bis zu deiner Zeit", „Noch eine halbe Minute" – mit diesen oder ähnlichen Worten kann der Fahrer laut und deutlich auf das pünktliche Losfahren zur (nur wenige Meter entfernten) Zeiteintragung eingestellt werden. Bei notwendigen Reparaturen muß genau kalkuliert werden: Reicht die Zeitreserve für die Beseitigung des Schadens oder sollte man trotz des Technik-Handicaps lieber versuchen, erst einmal bis ins Ziel zu kommen?

Daran denken: Die Fahrer können zwar Werkzeuge entgegennehmen, jedoch ist es *nur dem Fahrer gestattet*, am Motorrad zu arbeiten.

In diesem Zusammenhang: Das Wettkampfgerät Motorrad sollte auf der Zuverlässigkeitsfahrt so schonend wie möglich bewegt werden. Wer weiß, daß er seiner Maschine zeitweise Unerhörtes zumuten muß, fährt deshalb von der ersten Minute an mit einer gewissen

Rücksicht. Kuppeln, Schalten, Gasgeben – alles mit *Gefühl* bitte! Nicht ruckhaft beschleunigen, denn auch die Antriebskette muß über die langen Distanzen durchhalten! Grundsätzlich: Den Motor nicht sinnlos hochdrehen, sondern mehr ziehen lassen.

Selbstverständlich hat der Fahrstil auch Einfluß auf die *Reifenabnutzung*. Vorzeitig abgenutzte Reifenprofile kosten auf langen Etappen nachweisbar Tempo. Am Grad der Abnutzung erkennt man den kopflosen Bolzer und – den Spitzenfahrer.

Es ist zudem darauf zu achten, daß nicht die *Felgen* demoliert werden. Also nicht in jedes Schlagloch hineindonnern und harte Bodenkanten mit Vorsicht nehmen. Eine zerbeulte Felge bringt Sturzgefahr.

Besondere Vorsicht ist geboten, wenn die Wettkampfstrecke *vom Gelände auf die Straße* führt: Die Stollenreifen sind noch von Sand und Schlamm verkleistert und daher ziemlich rutschig. Erst wenn die Reifen etwas saubergefahren sind, kann man voll aufdrehen. Regenwetter kann diese Problematik noch verschärfen.

Ein anderer Punkt: Wie reagiert man auf einen *unbequemen Gegner*, der einem kilometerlang im Nacken sitzt? Man kann ihn abschütteln, indem man – innerhalb der Karenzzeit (± 1 Minute) – verfrüht oder verspätet in eine Zeitkontrolle einfährt. Oder man stoppt und täuscht einen Technik-Defekt vor (z. B. Zündkerzenwechsel).

Bei Mehrtagesfahrten kommt es ganz besonders auf das Durchhalten an. Dazu ist ein sehr effektiver und ökonomischer Fahrstil erforderlich. Man fährt möglichst viel im Stehen und wechselt öfter die Körperposition, um sich immer wieder zu entspannen.

Die Sonderprüfungen

Moto-Cross-Prüfung

Die Moto-Cross-Prüfungen spielen bei Enduro-Wettbewerben eine immer wichtigere Rolle. Sekunden oder sogar nur Sekundenbruchteile, die hier gewonnen oder verloren werden, entscheiden heute unter Umständen über das Gesamtklassement einer Veranstaltung. Denn Weltklassefahrer sind in der Lage, auf der Zuverlässigkeitsfahrt absolut (zeit-)strafpunktfrei zu fahren, selbst bei widrigen Bedingungen. Die innovative Motorradtechnik trägt zu dieser Tendenz bei.

Für einen Enduro-Sportler hat das Moto-Cross-Training deshalb einen hohen Stellenwert. Er muß in der Lage sein, aus dem Stand auf

Man muß auf jedem Moto-Cross-Kurs Bestzeiten fahren können

jeder beliebigen Moto-Cross-Strecke *Bestzeiten* zu fahren. Für internationale Erfolge ist dies eine Grundvoraussetzung.

Zwei entscheidende Unterschiede gibt es zwischen einem „richtigen" Moto-Cross-Rennen und der Enduro-Moto-Cross-Prüfung:

1. Im Gegensatz zum Moto-Cross-Rennen wird bei der Enduro-Prüfung einzeln gestartet. Jeder fährt für sich allein.
2. Beim Enduro darf auf dem vorgesehenen Moto-Cross-Prüfungskurs vor dem Wettkampf nicht trainiert werden. Erlaubt ist lediglich, die Strecke zu Fuß abzugehen.

Das *Abgehen zu Fuß* (am Nachmittag oder Abend vor dem Start) ist enorm wichtig. Man muß die Strecke genau kennenlernen. Kurvenverlauf einprägen! Man sucht sich die *Idealspur*, auf der die Räder voraussichtlich so wenig wie möglich in der Luft sein werden (Bodenwellen nach Möglichkeit ausklammern). Diese Spur muß man sich genauestens einprägen. Man muß sie quasi im Kopf haben, um im Wettkampf „blind" fahren zu können.

Beim Ablaufen sollte man sich auch schon eine gute *Startspur* suchen. Mit einem schnellen Start können bereits Zehntelsekunden gutgemacht werden! Trotzdem bleibt ein Unsicherheitsfaktor: Man weiß nie genau, wie sich die Maschine auf dem jeweiligen Untergrund *wirklich* verhält.

Tips für die Start-Prozedur:

- Motorrad exakt auf die vorgesehene Startspur ausrichten,
- kurze Konzentration,
- „Startposition“ einnehmen, noch einmal ruhig durchatmen,
- „Einwippen“, Gas!

Achtung: Aufpassen, daß in der Moto-Cross-Sonderprüfung kein langsamer Fahrer in die Quere kommt! Das kann trotz des Einzelstarts passieren. Wer kurz vor der Prüfung einen Fahrer vor sich sieht, sollte ihn entweder noch überholen oder den zeitlichen Abstand zu ihm so vergrößern, daß beim Start eine ausreichende Distanz vorhanden ist.

Spezialtest

Insbesondere bei internationalen Veranstaltungen (z. B. Einzel-Weltmeisterschaft oder Six Days) gibt es noch zusätzliche Enduro-Sonderprüfungen. Dazu gehören die sogenannten Spezialtests, *gezeitete Sonderprüfungen, bei denen Start und Ziel nicht identisch sind.* Sie können Cross-Charakter tragen oder als spezielle Bergtests angelegt sein.

Das Problem: Bei diesen Spezialtests wird meist mit Vollgas auf gefährlich engen Pfaden (z. B. Hohlwege, die dicht von Bäumen begrenzt werden) gefahren. Dies geschieht am besten im Stehen. Hier entscheidet der sichere Geländeblick. Vonnöten sind auch eine gehörige Portion Mut und Risikobereitschaft. Im Training sollte schnelles Fahren in unbekanntem Gelände öfter geübt werden.

Abschlußrennen

Speziell bei den *Six Days,* aber auch bei anderen internationalen Enduro-Wettbewerben ist ein sogenanntes Abschlußrennen zu absolvieren. Für die Fans und Zuschauer, die die Akteure sonst nur selten oder einzeln zu Gesicht bekommen, ist dies eine äußerst spannende Motorsport-Show. Für die Fahrer hingegen enthält diese Extra-Aufgabe viele *Risiken.*

Das Abschlußrennen ist nämlich *ein echtes Moto-Cross,* das über 5 bis 10 Runden läuft (etwa 10 bis 18 Kilometer Gesamtlänge). Gestartet wird klassenweise in vorher festgelegten Gruppen (z.B. 4 Gruppen in der Klasse bis 250 cm^3 zu jeweils 30 Fahrern). Dabei wird erstens die gefahrene Zeit gewertet, und zweitens muß eine vorgeschriebene Anzahl von Runden bewältigt werden.

Vollgas-Start in unbekanntes Gelände: Spezialprüfung

Enduro-Höhepunkt mit Risiken: Abschlußrennen

Durch den Massenstart, eventuell sogar an einer Startmaschine, durch das Gerangel an der ersten Kurve und durch andere Moto-Cross-Situationen ist die *Sturzgefahr* sehr groß. Dadurch kann eine Führungsposition in der Einzelwertung oder die Chance auf einen Mannschaftssieg praktisch noch auf den letzten Kilometern platzen. Hinzu kommt, daß vorher bereits etliche Kilometer Zuverlässigkeitsfahrt an der Kondition und an den Nerven gezehrt haben. Die Fahrer sind beim Start also nicht mehr in Bestform.

Wichtig ist die *richtige Taktik.* Wer im Gesamtklassement mit einem sicheren Punktevorsprung vorn liegt, sollte im Abschlußrennen nichts mehr riskieren und auf sicheres Ankommen fahren. Das heißt, er hält sich aus dem Kampf um die Start-Führung erst einmal heraus, achtet auf Bewegungsfreiheit und geht bei den Sprüngen nicht auf volles Risiko. Im entgegengesetzten Fall kann beim Abschlußrennen mit viel Einsatz – einiges Cross-Talent vorausgesetzt – noch viel Boden gutgemacht werden.

Bei Mannschaftswettbewerben, insbesondere bei den Six-Days, ist hier natürlich eine *Taktik für die ganze Mannschaft* festzulegen, die von jedem Team-Mitglied unbedingt eingehalten werden muß. Auch wenn es gut läuft: Keine waghalsigen Extra-Einlagen! In hektischen Situationen ruhig und gelassen bleiben und stets die Übersicht behalten.

Moto-Cross

Wettkampfübungen

Vollgas oder Bremsen – das ist der Moto-Cross-Stil. Geprägt wird er vom direkten Kampf mit dem sportlichen Gegner, der sich auf engstem Raume abspielt und im Extremfall (besonders am Start oder in Kurven) bis zum körperlichen Kontakt gehen kann. Diese Tatsachen müssen beim Wettkampftraining und im Rennen selbst unbedingt berücksichtigt werden.

Bei der unmittelbaren Wettkampfvorbereitung sollte man sich ganz bewußt in *Rennsituationen* versetzen. Große Bedeutung haben dabei das *Gruppentraining* und *Trainingsrennen*, wo man sich Kampfhärte aneignen kann und die Angst vor dem (ungefährlichen) Ellenbogen des Nebenmannes verliert. Wer bereits im Training lernt, mit

Moto-Cross-Stil: Vollgas oder Bremsen

elf

einer hohen psychischen Belastung fertigzuwerden, kann sich im Rennen ganz auf das Gasgeben konzentrieren.

Beispiel für ein wöchentliches Übungsprogramm zur Wettkampfvorbereitung – anwendbar bis 14 Tage vor Beginn des ersten Rennens

Dienstag: Nachdem die Moto-Cross-Strecke etwa 15 Minuten zum Kennenlernen und Erwärmen befahren wurde, werden 8 bis 10 Runden in maximalem Tempo mit Zeitnahme absolviert. Das Ganze wird noch ein- bis zweimal wiederholt.

Donnerstag: Sektionstraining – z. B. Start, Beschleunigung bis zur ersten Kurve, Sprünge. Danach einige schnelle Runden mit Zeitnahme.

Sonnabend: 15 Minuten zum Einfahren und zur Erwärmung, dann 12 Runden mit maximalem Tempo oder ein entsprechendes Trainingsrennen mit Zeitnahme.

Im Laufe der Wochen werden die Anzahl der Tempo-Runden und die Intensität kontinuierlich erhöht, um eine immer bessere Anpassung zu erreichen.

Etwa 14 Tage vor Beginn des ersten Rennens sollte das intensive Fahrtraining vom Umfang her reduziert werden, da der Körper eine *Erholungspause* braucht, um seine Leistung dann voll entfalten zu können.

In der *Wettkampfwoche* könnte am Donnerstag noch ein intensives Fahrtraining erfolgen. Findet der Wettkampf am Sonntag statt, ist es empfehlenswert, am Freitag noch einige schnelle Runden als Vorbelastung zu fahren. Am Tag vor dem Wettkampf nur Kompensationstraining oder ein lockerer Lauf.

Das Wettkampftraining muß systematisch aufgebaut werden. Es wird ja nicht gleich zu Saisonbeginn die Bestform angestrebt. Entscheidend ist, genau dann in Topform zu sein, wenn es darauf ankommt, zum Beispiel zu wichtigen Meisterschaftswettbewerben oder internationalen Veranstaltungen.

Das Pflichttraining

Notwendig ist eine Vorbemerkung: Vor dem gezeiteten Wettkampf-Pflichttraining sollte man die Rennstrecke *zu Fuß* abschreiten und sich gedanklich eine Idealspur suchen. Für die Kurven am besten gleich mehrere Varianten ausgucken.

Mit dem *Motorrad* wird dann erst langsam eine Orientierungsrunde gefahren. Danach muß man aber unbedingt Tempo machen.

Auch im Training muß man schon Tempo machen

Alte Regel: Wer im Training nur locker über die Strecke trudelt, wird auch im Rennen nicht den nötigen „Biß“ haben.

Aufpassen, daß man nicht durch langsamere Fahrer gebremst wird. Überholvorgänge kosten Zeit. Wer eine schnelle Runde fahren will, muß also darauf achten, daß der Abstand zum Vordermann genügend groß ist.

Nach dem Training ist es ratsam, die Strecke erneut abzulaufen (eventuell mit dem Trainer), um einige *kritische Stellen* unter anderem Blickwinkel zu beurteilen. An Streckenabschnitten, die noch nicht optimal beherrscht werden, eventuell das Fahrverhalten anderer Cross-Piloten studieren, denn hinzulernen kann man immer etwas.

Jeder sollte sich auch schon Stellen aussuchen, die sich im Rennen zum *Überholen* eignen. Wichtig ist, daß mehrere Spuren für die erste Kurvenkombination probiert werden, um im harten Renngedränge blitzartig *Alternativen* entwickeln zu können.

Psychische Startvorbereitung

Manche Moto-Cross-Sportler sind vor dem Start gar nicht anzusprechen, andere sind furchtbar aufgeregt, und einige sprühen nur so vor

Vor dem Start: nicht mehr ablenken lassen

Die kritischste Phase des ganzen Rennens

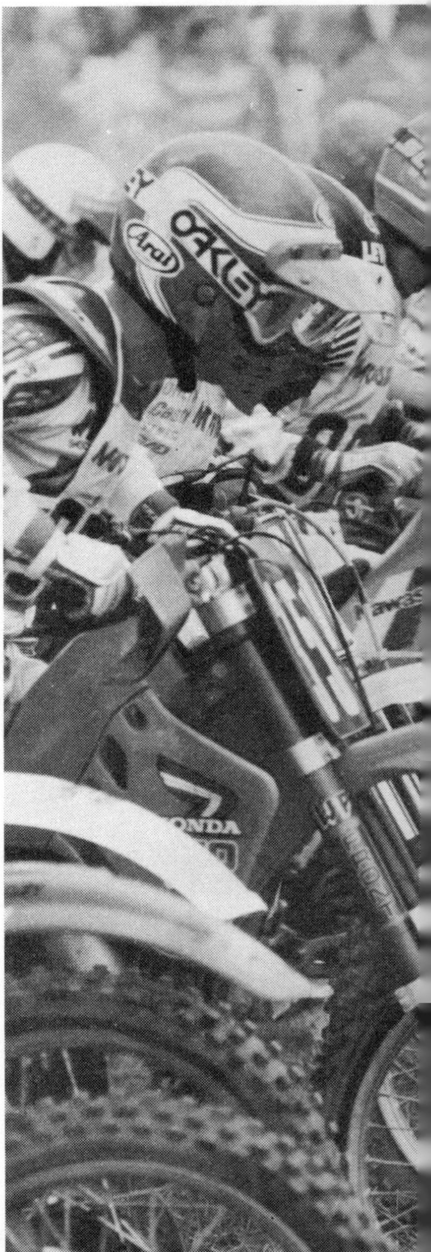

Tatendrang. Fest steht: Bedingt durch ein hartes, mitunter sogar hautenges Kampfgeschehen („Mann gegen Mann"), das viel Risikobereitschaft erfordert, ist die *psychische Belastung* beim Moto-Cross sehr hoch. In der letzten halben Stunde vor dem Start ist es am schlimmsten.

Was ist gegen Startapathie oder Startfieber zu tun? Wie wird eine optimale Kampfbereitschaft erreicht?

Allgemeingültige Patentrezepte gibt es nicht, denn jeder Sportler reagiert unterschiedlich: Manch einer braucht die Ruhe vor dem Start, ein anderer muß sich im lebhaften Gespräch mit den Sportkameraden ablenken.

Es gibt aber einige *Grundregeln und Kniffe*, die sich in der Praxis bewährt haben:

1. Ein *sachliches Gespräch* mit dem Trainer oder Betreuer über die günstigste Wettkampftaktik und die Stärken bzw. Schwächen der Gegner hat meist beruhigende Wirkung. Auch eine *letzte Kontrolle der Technik* der Rennmaschine kann Nervosität abbauen. Man muß sich noch einmal klarmachen, daß man gut trainiert hat und den Aufgaben gewachsen ist.

2. Ganz wichtig ist eine *kräftige Erwärmung* unmittelbar vor dem Start – Gymnastik oder ein leichter Lauf. Dauer: etwa 10 Minuten. Aufwärmübungen verbessern die Reaktionsfähigkeit um etwa 10 Prozent! Auch einige Dehnübungen sind anzuraten. Das aktiviert die physische Leistungsbereitschaft und stärkt das Selbstvertrauen in die eigene körperliche Fitneß. Außerdem wird damit Verletzungen vorgebeugt.

3. In den letzten Minuten vor dem Start sollte sich jeder *absolut konzentrieren.* Eventuell die Augen schließen und die im Training festgelegte Ideallinie in Gedanken Stück für Stück abfahren. Jetzt nicht mehr von anderen Sportlern ablenken lassen.

Der schnelle Start

Der Start ist die *kritischste Phase* des ganzen Rennens. Ein schneller Start ist bereits der halbe Sieg. Und umgekehrt gilt: Wer den Start verpatzt, wird in einem gutklassigen Fahrerfeld sofort abgeschlagen sein.

Für einen erfolgreichen Start ist die *Wahl des Startplatzes* wichtig. Reglement: Den Platz an der Startmaschine erhalten die Fahrer in Abhängigkeit von ihrer erzielten Trainingszeit.

Der *günstigste Startplatz* ist derjenige, von dem man am schnellsten

Im Training: Startübungen an der Startmaschine

bis zum ersten Hindernis kommt. Die gewählte Spur bis zu diesem Hindernis sollte möglichst griffig und eben sein.

Im Training wird der Start von verschiedenen Positionen der Startmaschine aus geübt. Dabei muß man auch probieren, mit welchem Gang man am besten wegkommt.

Im Hinblick darauf, daß sich die Beschaffenheit der Bodenoberfläche im Startbereich durch mehrere Starts schnell verändert, ist es empfehlenswert, den Start des vorhergehenden Rennens zu beobachten, um danach erneut einen günstigen Platz zu suchen.

Übrigens sollten bei jeder Gelegenheit die *Reaktionen der Startmaschine* studiert werden (Auslösemechanismus beobachten!).

Wer zu früh los- und auf das Gatter auffährt, wird viel Mühe haben, das Motorrad wieder zu stabilisieren. Inzwischen ist die Konkurrenz auf und davon. Ein „Einwippen“ wie beim Enduro ist an der Startmaschine nicht sinnvoll, da es nicht mit ihrem (zeitlich ungewissen) Fallen exakt koordiniert werden kann.

Beispiel für einen Startvorgang

1. Platz an der Startmaschine einnehmen. Aufpassen, daß das Mo-

Das Vorderrad darf nicht unkontrolliert aufsteigen

torrad absolut *gerade ausgerichtet* ist. Zu den Lenkerenden der Nachbarn wenigstens 15 bis 20 Zentimeter Abstand halten (Ellenbogen sind ungefährlicher!).

2. Den vorgesehenen Gang einlegen. Motordrehzahl auf einem *Mittelwert* halten, der beim Training bereits getestet wurde. Problem: Der Umgebungslärm übertönt das Drehzahlgeräusch der eigenen Maschine. Aber nach vielen Startübungen spürt man die Drehzahlunterschiede durch die *Vibration der Maschine.* Notfalls kann man auch an der entsprechenden Stellung des Gasgriffs den jeweiligen Drehzahlbereich erkennen.

Es gibt Weltklassefahrer, die den Gasgriff vor dem Start bis zum Anschlag drehen und beim Startzeichen explosiv nur mit der Kupplung beschleunigen (was im ungünstigsten Fall zu Triebwerksschäden führen kann).

3. *„Startposition"* einnehmen. Also: Auf der Sitzbank in Richtung Tank rutschen. Brustkorb über dem Lenker halten, Arme abwinkeln

112

und Druck auf den Lenker, aber auch auf die Fußraste (nur der Bremsfuß stützt die Maschine) und auf die Sitzbank ausüben.

4. *Start! Maximale Beschleunigung!* Wichtig: Die Gänge so rasch wie möglich durchschalten und beim Kuppeln das Gas voll stehenlassen.

Das Motorrad darf aber nicht unkontrolliert aufsteigen. Die tatsächlich mögliche Beschleunigung muß man gefühlsmäßig erkennen. Nicht durch Lärm oder Drehzahlen beirren lassen. Das ist allerdings auch eine Sache der Erfahrung.

Bei hubraumgrößeren Maschinen klappt die Beschleunigung mit mittleren Drehzahlen eines höheren Ganges oft besser, als wenn der Motor im niedrigen Gang bis zur absoluten Drehzahlgrenze hochgejagt wird.

Kritisch wird es, wenn der Pulk geschlossen auf die erste Kurve losrast. Moto-Cross-Sportler halten es aber mit einer ganz einfachen Regel: *Dem Ersten gehört die Ecke.* Es ist ratsam, sich bereits im Training für alle Fälle Alternativspuren zu suchen.

Um sich nicht um den Vorteil eines gut gelungenen Starts zu bringen, vor der Kurve so lange wie möglich Gas geben und bis zur Blokkiergrenze bremsen. Wer einige Zehntelsekunden später als die Konkurrenz bremst, kann Meter gutmachen. Aber: Am Kurveneingang muß der Bremsvorgang beendet sein!

Renntaktik – Überholen

Wer im Moto-Cross-Rennen siegen will, muß beizeiten ans *Überholen* denken. Schon beim Abschreiten der Strecke sollte man sich Überholspuren ausgucken. Am besten, man sucht sich für alle fahrerischen Problem-Passagen Alternativspuren.

Insbesondere für die Kurven-Anfahrten mehrere Varianten festlegen und trainieren, denn wer hier auf einer günstigen Spur später und besser als der Gegner bremst, kommt elegant vorbei. Auf den Geraden werden sich (in einem gleichwertigen Fahrerfeld) seltener Überholchancen bieten. Geradeausfahren kann jeder.

Grundsätzlich: Überholen sollte man möglichst schnell, damit der Gegner keine Zeit zum Kontern findet. Hier muß der *Überraschungseffekt* ausgenutzt werden.

Gelingt es nicht, sofort an einem Fahrer vorbeizukommen, ist es empfehlenswert, ihm ein oder zwei Runden hinterherzufahren, um seine Schwachpunkte (z.B. Spitzkehren) zu erkennen und diese dann beim Überholmanöver auszunutzen. Natürlich muß man so dicht wie

Beim Überholen: Überraschungseffekt ausnutzen

Beim Hinterherfahren: Schwachpunkte des Konkurrenten studieren

möglich am Voranfahrenden bleiben, damit man den Anschluß behält und den Gegner nervös machen kann.

An kritischen Stellen (z. B. Sprunghügel) sollte man allerdings etwas seitlich versetzt oder mit vergrößertem Abstand zum Vordermann fahren, um, falls dieser stürzt, rechtzeitig ausweichen zu können. Wenn der Gegner einen Fehler macht, sofort angreifen!

Tip: Gut zum Überholen geeignet sind die Übergänge vom Beschleunigen zum Bremsen oder vom Bremsen zum Beschleunigen.

Übrigens ist die *Blockierung* eines Fahrers, der von hinten stark aufkommt, im Prinzip unfair. Fair bleibt man nur dann, wenn man in der Lage ist, den Abstand wieder zu vergrößern.

Erscheint eine Blockierung unbedingt notwendig, zum Beispiel bei Erschöpfung kurz vor Ende des Rennens oder wenn im Mannschaftswettbewerb ein Fahrer des eigenen Klubs gedeckt werden soll, dann sollte man voll auf der Ideallinie bleiben und in Abschnitten, die ein Überholen erlauben, wenigstens vorübergehend die Geschwindigkeit zu erhöhen versuchen.

Gefährlich wird es aber, wenn überrundete Fahrer einen falschen Ehrgeiz entwickeln und mit aller Macht versuchen, am Hinterrad des Spitzenfahrers dranzubleiben. Sie überschätzen ihre physische Leistungsfähigkeit und fahren (ermuntert durch die Zuschauer) bis zur Erschöpfung, obwohl sie das Motorrad nioht mehr sicher im Griff haben. Die Sturzgefahr wird riesengroß. Derartige Aktionen führen häufig zu schweren Unfällen.

Das Wettkampftagebuch

Jeder Moto-Cross-Fahrer sollte ein Wettkampftagebuch führen. Mit Hilfe der Aufzeichnungen kann er nämlich am Saisonende wichtige Schlüsse über die Effektivität des Trainings und der speziellen Rennvorbereitung ziehen. Es läßt sich nun genau analysieren, was sich wann und wo bewährt hat oder welche Aktivitäten geschadet haben. Entsprechend kann das individuelle Programm für das nächste Wettkampfjahr verbessert werden.
Was sollte notiert werden?

- *Häufigkeit* des Trainings
  z. B. Trainingseinheiten pro Tag/Woche in Minuten
- *Inhalt* des Trainings
  z. B. Krafttraining, Ausdauertraining, Fahrtraining (Sektionstraining, Trainingsrennen usw.)

- *Intensität* des Trainings
  z. B. hohe Intensität, mittlere Intensität (Herzfrequenz messen und notieren!)
- *Rennergebnisse*
  Plazierung, Rundenzeiten, äußere Bedingungen (Wetter, Bodenverhältnisse)
- Motorrad-Vorbereitung auf die jeweilige Rennstrecke
  z. B. Vergasereinstellung, Getriebeübersetzung
- *Technische Ausfälle*
  Welche Teile gingen kaputt? Ursachen, Schlußfolgerungen
- *Stürze, Krankheiten oder andere Vorkommnisse*, die die Leistung beeinträchtigt haben.

Vorschlag für einen Jahrestrainingsplan Enduro/Moto-Cross

TE = Trainingseinheit

Januar
- *Grundlagenausdauertraining:*
  3 TE pro Woche; Lauf, jeweils etwa 60 Minuten = 12 Kilometer (bis maximal 20 Kilometer)
- *Kraftausdauer-Kreistraining:*
  2 TE pro Woche, jeweils etwa 60 bis 90 Minuten (immer einschließlich Erwärmung, Dehnübungen und Übungen zur Schulung der koordinativen Fähigkeiten); bei ungünstigen Trainingsbedingungen täglich 30 Minuten individuell im Heimtraining (entsprechend dem Übungsprogramm des Kreistrainings)
- *Fahrtraining*
  Nach Möglichkeit 1 TE pro Woche (dafür evtl. 1 TE Grundlagenausdauertraining weniger), etwa 45 bis 60 Minuten

Februar
Gleiches Programm wie im Januar

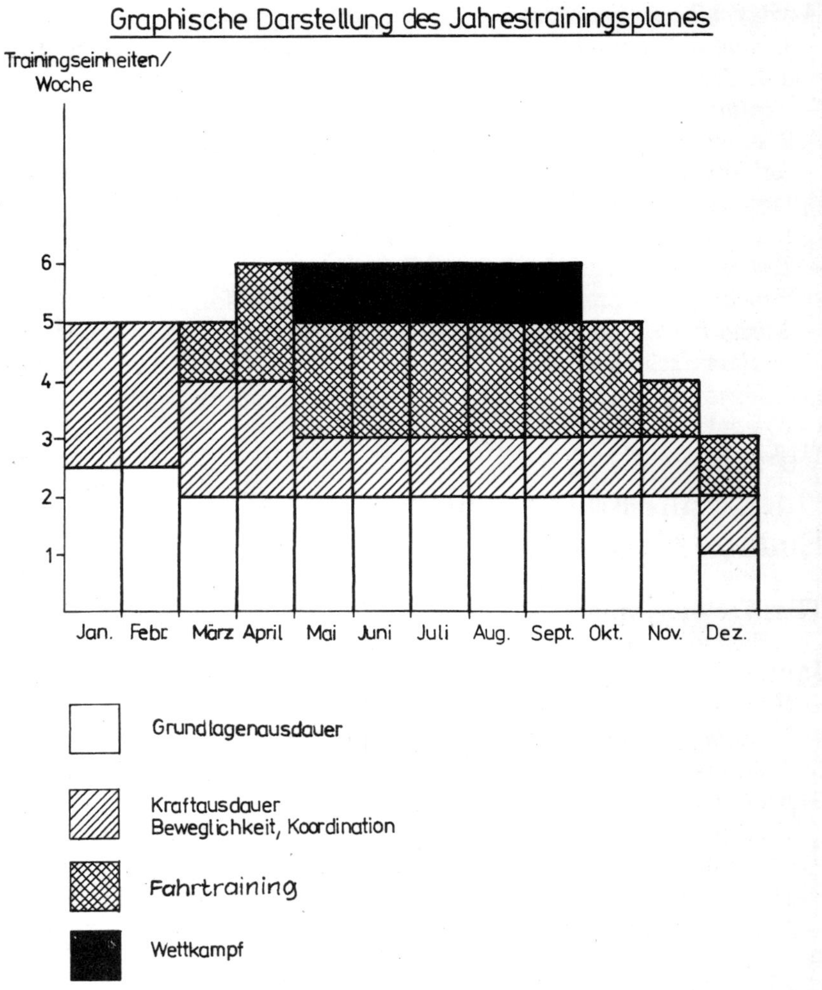

März
- *Grundlagenausdauertraining:*
  2 TE pro Woche, jeweils 60 bis 90 Minuten
- *Kraftausdauer-Kreistraining:*
  2 TE pro Woche, jeweils 60 bis 90 Minuten
- *Fahrtraining:*
  1 bis 2 TE pro Woche

April

- *Grundlagenausdauertraining:*
  2 TE pro Woche, jeweils etwa 60 Minuten
- *Kraftausdauer-Kreistraining:*
  2 TE pro Woche, etwa 60 bis 90 Minuten
- *Fahrtraining:*
  Mindestens 2 TE pro Woche, am Wochenende Wettkampf

Mai

- *Grundlagenausdauertraining:*
  2 TE pro Woche, jeweils etwa 60 Minuten
- *Kraftausdauer-Kreistraining:*
  1 TE pro Woche; besonders die Muskelgruppen trainieren, die im Rennen die größten Ermüdungserscheinungen und nachfolgend „Muskelkater" zeigen – Hand-, Arm-, Schulter- und Beinmuskulatur
- *Fahrtraining:*
  Mehrere TE pro Woche, am Wochenende Wettkampf

Juni, Juli, August, September

Gleiches Programm wie im Mai

Oktober

- *Grundlagenausdauertraining:*
  2 TE pro Woche, jeweils etwa 60 Minuten
- *Kraftausdauer-Kreistraining:*
  1 TE pro Woche, jeweils 60 bis 90 Minuten
- *Fahrtraining:*
  1 bis 2 TE pro Woche

November/Dezember

Gleiches Programm wie im Oktober

Wichtig ist, daß *ganzjährig* und *kontinuierlich* trainiert wird. Trainingspausen sollten eine Woche nicht überschreiten, denn die Leistungsfähigkeit läßt sofort rapide nach. Nach einer Woche Trainingsausfall muß man drei Wochen trainieren, um das vorherige Niveau wieder zu erreichen!

Nach Möglichkeit auch im Urlaub keinen allzu großen Leistungsschwund zulassen. Beispielsweise kann man durch Spiele (Volleyball oder Fußball am Strand) oder lockere Läufe seine Grundlagenausdauer einigermaßen erhalten.

Deshalb sollte man auch die individuelle Urlaubsplanung stets überlegt kalkulieren.

Vorschlag für einen Wochentrainingsplan Enduro/Moto-Cross

Vorbereitungsperiode (bis März)

Montag
- 1 TE Grundlagenausdauertraining, z. B. Lauf oder intensives Radfahren, 60 bis maximal 90 Minuten, einschließlich Erwärmung und Dehnübungen
- 1 TE Kompensationstraining, z. B. leichte Spielformen oder Schwimmen, etwa 45 Minuten

Dienstag
- 1 TE Kraftausdauer-Kreistraining, 60 bis 90 Minuten, einschließlich Erwärmung und Dehnübungen

Mittwoch
- 1 TE Grundlagenausdauertraining

Donnerstag
- 1 TE Fahrtraining, mit Technikschulung, 60 bis 90 Minuten

Freitag
- 1 TE Kraftausdauer-Kreistraining
- eventuell Saunabesuch

Sonnabend
- 1 TE Kompensationstraining oder leichtes Fahrtraining (mittleres Tempo mit Beschleunigungseinlagen)

Wenn es der individuelle Zeitplan erlaubt, bis zum Freitag *zusätzliche TE Fahrtraining* absolvieren!

Arbeiten in der Werkstatt und Instandhaltungstraining (speziell für Enduro – z. B. Reifenwechsel) nach Bedarf einplanen.

Vorschlag für das Training in der Wettkampfwoche

Montag
- 1 TE Kompensationstraining, 60 bis 90 Minuten, einschließlich Gymnastik, Dehnübungen und Extension

Dienstag
- 1 TE Grundlagenausdauertraining, z. B. Lauf oder intensives Radfahren, 60 bis 90 Minuten

Mittwoch
- 1 TE Fahrtraining, mit Technikschulung und intensiven (Vollgas-) Einlagen, 75 bis 120 Minuten
- eventuell Sauna

Donnerstag
- 1 TE Kraftausdauer-Kreistraining, 60 bis 90 Minuten, einschließlich Erwärmung und Dehnübungen
- 1 TE Fahrtraining (längere Strecke ohne Pause – bis maximal 45 Minuten), 60 bis 90 Minuten, oder entsprechendes Grundlagenausdauertraining

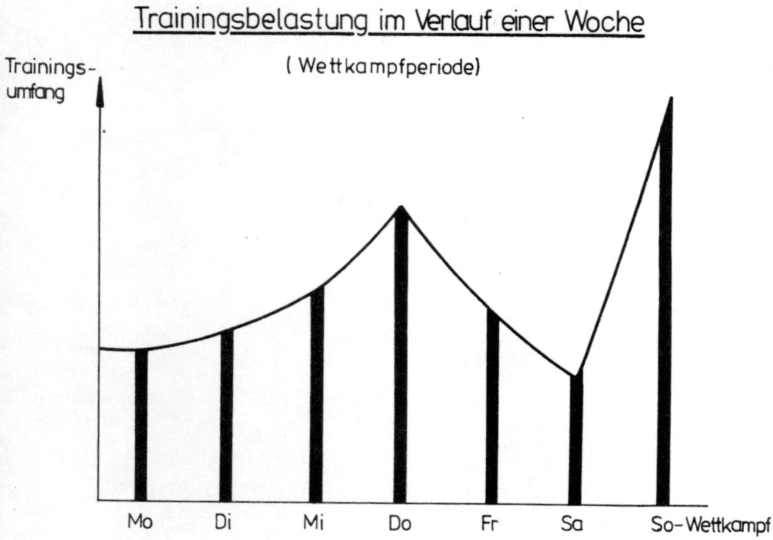

Freitag
- 1 TE Fahrtraining unter möglichst wettkampfnahen Bedingungen, 60 bis 75 Minuten, einschließlich Dehnübungen

Sonnabend
- leichtes Kompensationstraining, zum Beispiel Gymnastik, etwa 45 Minuten

Sonntag
- Erwärmung, Wettkampf

Wenn der Wettkampf bereits am *Sonnabend* stattfindet, muß der Trainingsplan umgestellt werden: *Mittwoch* intensives Fahrtraining und Kraftausdauer-Kreistraining, *Donnerstag* Wettkampftraining unter wettkampfnahen Bedingungen, *Freitag* nur Kompensationstraining.

Sportgerechte Ernährung – ein Leistungsfaktor

A la carte oder was gerade auf den Tisch kommt? Wie sollte sich ein Enduro- oder Moto-Cross-Sportler zweckmäßig ernähren? Über die sportgerechte Ernährung als echter *Leistungsfaktor* wissen angehende PS-Akteure meist nur recht dürftig oder überhaupt nicht Bescheid. Eins ist klar: Die Nahrungsbedürfnisse eines Sportlers unterscheiden sich von denen eines Nichttrainierenden ganz erheblich.

Der *Energieverbrauch* eines Sportlers ist etwa doppelt so hoch wie der eines sportlich inaktiven Menschen. In Zahlen: Ein „Normalverbraucher" benötigt täglich 8 370 bis 12 550 kJ (2 000 bis 3 000 kcal), ein Sportler dagegen 12 550 bis 25 100 kJ (3 000 bis 6 000 kcal). Wenn die notwendige Energiezufuhr nicht gesichert ist, sinkt die Leistungsfähigkeit. Es geht also um ein ausgewogenes Verhältnis zwischen Energiezufuhr und Energieverbrauch.

Auch der *Flüssigkeitskonsum* liegt beim Sportler sehr hoch. Er beträgt etwa 3 bis 4 Liter pro Tag. Der durch starkes Schwitzen verursachte Flüssigkeitsverlust muß nämlich durch ausreichendes Trinken wieder ausgeglichen werden, da sonst der Stoffwechselablauf empfindlich gestört wird. Außerdem hat der Sportler einen sehr hohen Bedarf an *Vitaminen und Mineralstoffen.*

Wichtig für die sportliche Leistung: Sportgerechte Kost muß die *Grundnährstoffe* Kohlehydrate, Eiweiß und Fett im richtigen Verhältnis enthalten. Wobei die jeweils notwendige Relation von den disziplinspezifischen Anforderungen abhängt: Ein Ausdauersportler muß sich anders ernähren als ein Kraftsportler.

Überlegung und Planmäßigkeit in Sachen Ernährung sind also durchaus angebracht, auch wenn man dazu umgehend einige liebgewordene Eß- und Trinkgewohnheiten aufgeben muß.

Konkret: Kohlehydrate, Eiweiß, Fett

Die Grundfragen des Energiehaushalts haben wir bereits im Kapitel „Die Wirkung des Grundlagenausdauertrainings" behandelt. Zur Erinnerung: Die wichtigste Energiequelle ist die *Glukose* (Traubenzukker), ein Kohlehydrat – Voraussetzung für jede Muskelarbeit. Ihre Speicherform, das Glykogen, ist in der Leber und in der Arbeitsmuskulatur gelagert.

Der einfache Zusammenhang: volle Glykogendepots – große

Nach dem Enduro-Wettkampf: erschöpfte Energievorräte, hoher Flüssigkeitsverlust

93

Energiereserven für Ausdauerleistungen. Das bedeutet, daß der Moto-Cross- und Enduro-Sportler bei hohen Trainings- und Wettkampfbelastungen eine *betont kohlehydratreiche Ernährung* bevorzugen sollte. Das gilt insbesondere in den letzten Tagen vor dem Wettkampf und am Morgen des Wettkampftages selbst. Denn sind die Glykogendepots erschöpft, macht nicht nur die Muskulatur schlapp – auch die geistige und nervale Leistungsfähigkeit läßt rapide nach.

Welche Nahrungsmittel enthalten die so wichtigen Kohlehydrate? Reich an Kohlehydraten sind alle Süßspeisen, Kuchen, Weißbrot, Kekse, Teigwaren (z. B. Nudeln), Reis, Haferflocken, Obst, Gemüse, Honig und Marmelade. Selbst Kartoffeln können durch ihren hohen Stärkeanteil als Kohlehydratlieferant fungieren.

Auch *Eiweiß* ist für den Enduro- und Moto-Cross-Sportler ein wichtiger Nahrungsbestandteil, obgleich es für ihn nicht die Bedeutung wie die Kohlehydrate hat. Eiweiß ist aber ein wichtiger Baustein für den Aufbau und die Regeneration der Muskulatur und unterstützt die Entwicklung der Kraftfähigkeit.

Wieviel Eiweiß soll der Sportler zu sich nehmen? Generell: Zur Erhaltung des normalen biologischen Gleichgewichts im Organismus reicht pro Tag 1 Gramm Eiweiß je Kilogramm Körpergewicht. Ein Sportler benötigt mindestens die doppelte Menge – bis zu 3 Gramm je Kilogramm Körpergewicht täglich. Vorsicht ist jedoch angebracht: Eine zu stark eiweißbetonte Ernährung führt dazu, daß das Nahrungseiweiß vom Körper für die Energiegewinnung genutzt wird. Und diese Form der Energiegewinnung ist wesentlich unökonomischer als die Verstoffwechslung von Glukose – bedingt durch die „spezifische dynamische Wirkung“ des Eiweiß: Bei der Verbrennung von Eiweiß zur Energiegewinnung werden mehr Kalorien verbraucht, als das Eiweiß überhaupt enthält. Das ist günstig für Abmagerungskuren, nicht aber für eine gezielte Wettkampfvorbereitung.

Für den Aufbau und die Regeneration der Muskulatur sollte man auf Eiweißarten setzen, die in ihrer Struktur dem menschlichen Eiweiß nahestehen. Das sind vor allem Eiweiße, die in der Milch und in Milchprodukten enthalten sind, ferner in tierischem Muskelfleisch und in den Hühnereiern.

In der *Krafttrainingsphase* kann die Kost *eiweißbetonter* sein. Günstige Zwischenmahlzeit an Krafttrainingstagen: ein Mixgetränk aus gleichen Teilen Milch und Quark mit 20 bis 30 Prozent Zucker sowie Fruchtsaft (oder Sirup) als Geschmackszusatz.

Bliebe noch etwas zur *Fettzufuhr* zu sagen. Fett – das ist die größte Energiereserve des Menschen, haben wir erläutert. Und: Je trainierter ein Sportler ist, desto stärker kann er Fett als *Energielieferant* nutzen.

In der sportgerechten Ernährung sollte jedoch auf zusätzliche sichtbare Nahrungsfette, insbesondere tierische Fette, verzichtet werden, da in der normalen Kost ohnehin genügend Fette versteckt sind. Beispiel: Eine Bockwurst enthält 40 bis 60 Gramm reines Fett.

Dafür sollte man vielleicht etwas mehr auf die Zufuhr von sogenannten *essentiellen Fettsäuren* achten, die besonders in Pflanzenfetten vorhanden sind. Speiseplan-Beispiel: Kartoffeln (Kohlehydrate), Quark (Eiweiß) und Leinöl (essentielle Fettsäuren) als Mittagsmahlzeit.

Vitamine

Vitamine – das sind *lebensnotwendige Stickstoffverbindungen*, die dem Körper von außen zugeführt werden müssen. Für einen reibungslosen Stoffwechsel sind sie unerläßlich. Vitaminmangel führt zur Leistungsminderung und zu einer erhöhten Krankheitsanfälligkeit (Grippe!).

Bei einem Menschen, der keinen Sport treibt, kann der tägliche Vitaminbedarf durch eine normale, ausgewogene Ernährung problemlos gedeckt werden. Ein Sportler hingegen benötigt die *doppelte Menge* an Vitaminen. Bei extremen Belastungen steigt der Vitaminbedarf sogar auf das Vierfache der Durchschnittsnorm an. Am wichtigsten sind die wasserlöslichen Vitamine C und B_1.

Hauptvitaminträger sind Obst und Gemüse, die der Speiseplan deshalb möglichst immer enthalten sollte (erhöhter Vitaminbedarf in den Wintermonaten und im Frühjahr!).

In Phasen hoher Trainingsbelastung ist es ratsam, zusätzlich *Vitaminpräparate* einzunehmen, zum Beispiel zweimal täglich 1 Dragee Vitamin C (je 200 mg) und dreimal täglich 1 Dragee Vitamin-B-Komplex. Entsprechende Kombinationspräparate in Form von Limonadegranulat gibt es zu kaufen. Ein Zuviel in dieser Richtung ist unbedenklich, da der Vitaminüberschuß über die Nieren ausgeschieden wird.

Fettlösliche Vitamine wie A, D, E und K sollte man nicht zusätzlich in Präparatform einnehmen. Sie sind in einer abwechslungsreichen Kost ausreichend enthalten. Eine unkontrollierte zusätzliche Einnahme kann leicht zu Vergiftungserscheinungen führen.

SMITH
60

Flüssigkeitszufuhr – Mineralien

Bei Enduro- und Moto-Cross-Wettbewerben können die Sportler *über 2 Liter Flüssigkeit* verlieren. Das trifft auch für intensive Ausdauertrainingseinheiten zu.

Der hohe Flüssigkeitsverlust bewirkt eine erhebliche Kreislaufbelastung (Eindickung des Blutes), eine Störung der Wärmeregulation (unzureichende Wärmeabgabe durch Verdunstung) und führt zu Problemen im Mineralhaushalt, denn mit dem Schweiß gehen wichtige Mineralien verloren. Deshalb muß schon vor dem Training oder Wettkampf für eine *ausreichende Flüssigkeitszufuhr* gesorgt werden. Je nach Außentemperatur sollten täglich zwischen 3 und 5 Liter Flüssigkeit konsumiert werden. Empfehlenswert: Zu den Hauptmahlzeiten mindestens einen halben Liter Flüssigkeit trinken.

Was sollte getrunken werden? Geeignet sind Tee, Obstsäfte, Milchgetränke oder Mineralwasser. Achtung: Kohlensäurehaltige Fruchtsäfte bzw. Cola-Getränke nur in kleinen Mengen und nicht kurz vor dem Wettkampf.

Unmittelbar nach dem Wettkampf und besonders in den Wettkampfpausen sollte man ¼ bis ½ Liter Tee oder Fruchtsaft trinken (gesüßt mit 5 bis 10 Prozent Rüben- oder Rohrzucker bzw. Honig), um das Flüssigkeitsdefizit rasch auszugleichen und schnell wieder Energie zuzuführen.

Um dem mit dem Flüssigkeitsverlust einhergehenden *Mineralverlust*, der bei erschöpfender sportlicher Belastung auf das Drei- bis Vierfache steigt, zu begegnen, wird den letzten Getränken nach der Trainingseinheit bzw. nach dem Wettkampf 3 bis 5 Gramm Kochsalz (pro Liter) hinzugemixt. Allerdings können so wichtige Mineralien wie Kalium, Calcium und Eisen auf diese Art und Weise nicht ersetzt werden. Hier schaffen Mineralsubstitute (in Pulverform) als Getränkezusatz Abhilfe. Diese sind im Handel rezeptfrei erhältlich und auch nach einem Saunabesuch zu empfehlen, bei dem der Mineralhaushalt ziemlich strapaziert wird. Calcium läßt sich auch durch den reichlichen Genuß von Milch bzw. Milchprodukten gut substituieren.

Wie steht es mit dem Kaffeetrinken? Dagegen ist aus sportmedizinischer Sicht nichts einzuwenden. Entscheidend ist die individuelle Verträglichkeit.

Schon vor dem Wettkampf notwendig: Flüssigkeitszufuhr

Auf das Zentralnervensystem wirkt das *Koffein* allgemein anregend. Die Gedankenassoziation wird gefördert, die Reaktionsfähigkeit erhöht, das Ermüdungsgefühl verdrängt und die Leistungsbereitschaft gesteigert – Wirkungen, die dem sportlichen Leistungsvermögen durchaus zuträglich sind. Mit anderen Worten: Ein oder zwei Tassen Kaffee kann man unbedenklich genießen.

Wer mit der Wirkungsweise des Koffeins im Training gute Erfahrungen gemacht hat, kann auch an Wettkampftagen seinen Kaffee trinken. Am wirkungsvollsten ist das Koffein nach hoher körperlicher Beanspruchung, wenn bereits Ermüdungserscheinungen auftreten. Man könnte also beispielsweise in Wettkampfpausen oder zwischen zwei (Moto-Cross-)Rennen eine Tasse Kaffee zur Aufmunterung trinken.

Beispiel für einen Tagesspeiseplan

(Vorbereitungsperiode, bis zum Beginn der Wettkampfsaison)
1. Frühstück:
1 Ei, 150 g Wurst, 20 g Butter, $\frac{1}{4}$ Liter Milch, 25 g Konfitüre, 1–2 Äpfel, Brötchen oder Weißbrot nach Bedarf
2. Frühstück:
$\frac{1}{4}$ l Milch oder Saft, 100 g Quark, 150 g Obst, oder ein Milch-Quark-Saft-Gemisch mit 30 g Zucker
Mittagessen:
250 g Fleisch, 250 g Gemüse, 250 g Obst, $\frac{1}{4}$ l Milch, $\frac{1}{4}$–$\frac{1}{2}$ l Saft, Kartoffeln oder Reis nach Bedarf
Vesper:
1–2 Stück Kuchen oder 5 Kekse zu 1 bis 2 Tassen Kaffee, Tee oder $\frac{1}{2}$ l Saft
Abendessen:
200 g Fleisch oder Wurst, 20 g Butter, 50 g Käse, 50–100 g Fisch (dafür evtl. weniger Fleisch oder Wurst), $\frac{1}{2}$ l Milch, Gemüse-Rohkost und Obst nach Bedarf (mindestens jedoch 100 g) Vollkornbrot nach Bedarf

Achtung! Das eigene *Körpergewicht* ist ein wichtiger Gradmesser für das Verhältnis Energieverbrauch – Energiezufuhr. Mindestens einmal wöchentlich sollte man sich wiegen und das Ergebnis zur langfristigen Kontrolle notieren.

Die richtige Ernährung in der Wettkampfwoche

In der Wettkampfwoche besitzt die sportgerechte Ernährung einen besonders hohen Stellenwert. Zugespitzt formuliert: Wer sich in den letzten Tagen vor dem Wettkampf falsch ernährt, schwächt seine körperliche Fitneß und damit seine Erfolgsaussichten.

Was soll ein Enduro- oder Moto-Cross-Sportler im Verlauf der Wettkampfwoche essen und trinken, damit er am Wochenende optimale Leistungsvoraussetzungen hat? Und was muß er unmittelbar vor dem Start oder während des Wettkampfes in puncto Ernährung beachten? Dazu einige spezielle Tips.

Am *Montag* sollte eine kohlehydratreiche Nahrung (z.B. Weißbrot, Kuchen, Kekse, Süßspeisen, Teigwaren, Reis, Kartoffeln, Gemüse) bevorzugt werden, um die vom letzten Wettkampf erschöpften Glykogenreserven aufzufüllen.

Am *Dienstag und Mittwoch* wird eine absolut eiweißbetonte Kost gewählt (z.B. Milch, Milchprodukte wie Quark u.ä., Geflügel). Kohlehydrate vermeiden. Dadurch erzeugt man im Organismus einen regelrechten „Kohlehydrathunger".

Ab *Donnerstag* folgt eine betont kohlehydratreiche Ernährung. Durch den vorher provozierten „Kohlehydrathunger" kommt es nun zu einem schnellen und maximalen Einbau von Glykogen in die Leber und in die Muskulatur.

Die Leistungsbereitschaft des Kohlehydratstoffwechsels wird durch diese *periodisierte Ernährungsform* deutlich erhöht. Davon profitieren die Ausdauerfähigkeiten.

Das *Frühstück am Wettkampftag* muß in Ruhe eingenommen werden (Zeit einplanen!). Es sollte kohlehydratbetont und reichhaltig bemessen sein, denn schließlich ist es die einzige große Tagesmahlzeit bis zum Abend nach dem Wettkampf.

Achtung: Zweieinhalb bis drei Stunden vor Wettkampfbeginn sollte nichts mehr gegessen werden. Also sehr zeitig frühstücken, um keine Verdauungsprobleme zu bekommen!

Für *Enduro-Sportler*, die häufig sehr frühe Startzeiten haben, kann es Probleme geben. Beispiel: Bei einem Start um 8 Uhr müßten sie sich bereits um 5 Uhr an den Frühstückstisch setzen – eine harte, kaum zu realisierende Forderung. Was ist zu tun? Erstens: So zeitig wie irgend möglich essen. Zweitens: Nur die Speisen und Getränke auswählen, die eine kurze Verweildauer im Magen haben (kein Frühstücksei!).

Wichtig für den Enduro-Akteur ist außerdem, daß er eventuelle Pausen an den Kontrollstellen nutzt, um verbrauchte Energien aufzufrischen. Ratsam: Kuchen, Schokolade, Kekse, etwas Obst, Rosinen, Haferflocken u. ä.

Beim *Moto-Cross* läßt sich nach dem Pflichttraining noch eine Zwischenmahlzeit einlegen, vorausgesetzt, daß der Abstand zum Rennen nicht zu knapp ist. Bei den derzeit üblichen Zeitplänen der Veranstalter bleiben zwischen Trainingsende und Start ohnehin nicht mehr als zwei bis zweieinhalb Stunden. Schwerverdauliche Mittagsgerichte erübrigen sich da von selbst. Empfehlenswert ist dagegen kohlehydratreiche, leicht verdauliche Kost, beispielsweise Kekse oder fettarmer Kuchen.

Nahrungsmittel, die zu lange im Magen bleiben, führen während des Wettkampfes zu einer erheblichen Kreislaufbelastung.

Unsere Übersicht zeigt die *Magen-Verweildauer* einiger Nahrungsmittel:

1 bis 2 Stunden
Wasser, Tee, Kaffee, Bier, Reis
2 bis 3 Stunden
Milch, Milchkaffee, Weißbrot, Obst, gekochte Eier, mageres Fleisch
3 bis 4 Stunden
Brot, Äpfel, Bratkartoffeln, Steaks, Schinken
4 bis 5 Stunden
Südfrüchte, Broiler, gebratenes Rindfleisch
7 bis 8 Stunden
Ölsardinen, Gänse- und Entenbraten

Achtung: Im Falle eines Unfalls wird die *Narkosefähigkeit* eines Sportlers erst fünf Stunden nach der letzten Nahrungsaufnahme erreicht. Selbst kleinere chirurgische Eingriffe, die eine Vollnarkose zur Bedingung haben, können erst nach dieser Frist erfolgen. Allein aus diesem Grund ist es ratsam, die letzte Nahrungsaufnahme möglichst weit vor den Rennbeginn zu legen.

Die erste Mahlzeit nach dem Wettkampf sollte wieder betont kohlehydratreich sein (z. B. Reis, Mehlspeisen, Pudding usw.). Grund: Der „Kohlehydrathunger“ des Organismus, also seine Fähigkeit, Kohlehydrate in Form von Glykogen verstärkt zu speichern, ist in den ersten sechs Stunden nach einer hohen körperlichen Belastung am größten.

Was muß man am Wettkampftag für den *Flüssigkeitshaushalt* tun? Wie schon erwähnt: Bereits vor dem Wettkampf muß für eine ausreichende Flüssigkeitszufuhr gesorgt werden (siehe „Flüssigkeitszufuhr – Mineralien“).

Bis 30 Minuten vor dem Start kann man zum Durststillen in kleinen Schlucken noch etwas gesüßten Tee trinken – mit 50 bis 100 Gramm Zucker pro Liter, maximal 150 Milliliter Flüssigkeit. Dem Körper werden auf diese Art und Weise noch schnell Energieträger für den Stoffwechsel zugeführt. Wichtig ist dies besonders beim Moto-Cross, wo es bereits beim Pflichttraining einen Flüssigkeits- und Glykogenverlust gibt.

Noch ein Gesichtspunkt: Bei der Flüssigkeitszufuhr vor langen Enduro-Wettbewerben muß man natürlich das Fassungsvermögen seiner Blase berücksichtigen. Unterwegs kann man nicht andauernd anhalten, um ein „dringendes Bedürfnis“ zu erledigen.

Achtung: Vor dem Start zu einem Enduro- oder Moto-Cross-Wettbewerb, während der Enduro-Fahrt oder zwischen zwei Moto-Cross-Rennen *keine Traubenzucker-Trünke* konsumieren! Durch die zu schnelle Resorption des Traubenzuckers, der unverändert in die Blutbahn eintritt, kommt es unter Umständen zu einer Gegenregulation der Bauchspeicheldrüse, die mit einer Insulinausschüttung reagiert, was wiederum zum abrupten Sinken des Blutzuckerspiegels führt („posthyperglykämische Hyperglykämie“). Die Auswirkungen: Schwächeanfälle, Schwindelgefühl, rapider Leistungsabfall bis zur totalen Erschöpfung!

Also für diese Trink-Gelegenheiten mit *Rohr- oder Rübenzucker* süßen (eventuell auch mit Honig). Aber nicht nach dem Motto „Viel hilft viel“ verfahren. Nicht mehr als 100 Gramm Zucker pro Liter verwenden, sonst kommt es zu Magenbeschwerden oder zu einem starken Durstgefühl, das durch die wasserentziehende Wirkung der osmotisch aktiven Zuckerlösung hervorgerufen wird.

Was und wie trinkt man vernünftigerweise in den *Wettkampfpausen*? Auf keinen Fall kalte oder kohlensäurehaltige Getränke! Bewährt hat sich handwarmer Tee, gesüßt mit Rüben-, Rohrzucker oder Honig. Sofort nach dem Absitzen mit dem Trinken beginnen (in der Pause zwischen zwei Moto-Cross-Rennen bis 15 Minuten vor dem nächsten Start). Auch bei sehr hektischen Kurz-Stopps an Enduro-Zeitkontrollen wenigstens einige Schlucke trinken.

Eine gute Sache ist es auch, als Pausengetränk 1 oder 2 Tassen Kaffee zu trinken. Selbstverständlich muß man einschätzen können,

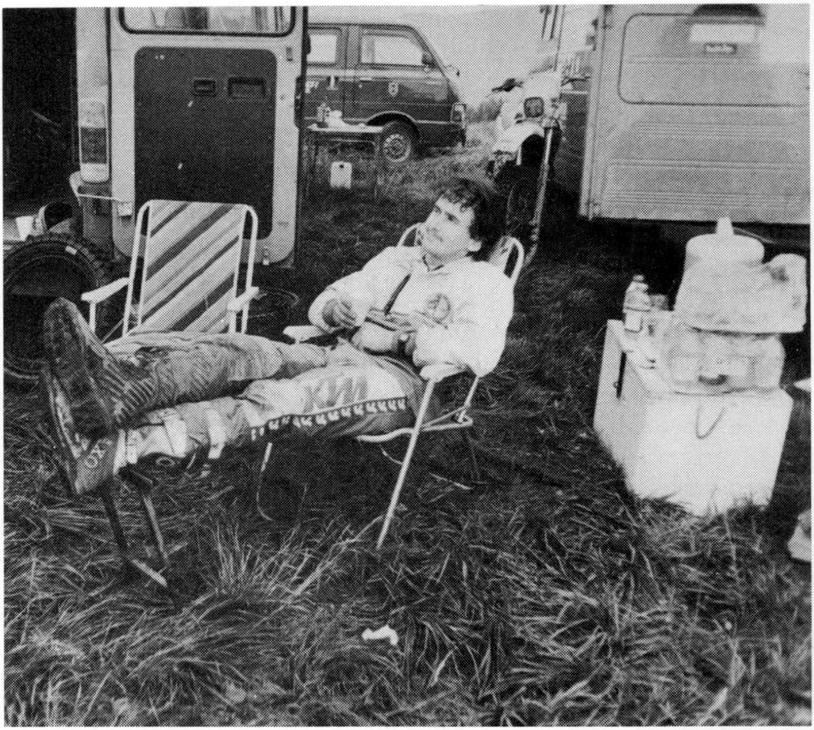

Nach dem Wettkampf: etwas trinken

ob man diese aufmunternde Koffeinzufuhr auch verträgt (im Training testen).

Nach Beendigung des Enduro-Wettkampfes bzw. nach dem letzten Moto-Cross-Rennen gilt es, das Flüssigkeitsdefizit rasch wieder zu dekken. Das geschieht am zweckmäßigsten wiederum durch mit Zucker angereicherte Getränke wie Tee, Fruchtsaft u. ä., die als schnelle Energiespender wirken. Jetzt darf auch *Traubenzucker* eingesetzt werden.

Spezialrezept für ein sehr wirksames *Erholungsgetränk*:

50 g Traubenzucker, 25 mg Vitamin B 1, 2 g Kalium-Magnesium-Asparaginat, 2 g Kochsalz – aufgelöst in etwa 200 ml Mineralwasser oder Fruchtsaft.

Sechs wichtige Ernährungsregeln für mehrtägige Enduro-Wettbewerbe

1. In den letzten Tagen vor dem Wettkampf ist es angesichts der anstehenden hohen Ausdauerbelastung wichtig, sich ganz *betont kohlehydratreich* zu ernähren.

2. Die Eiweißzufuhr von etwa 3 Gramm pro Kilogramm Körpergewicht muß garantiert werden. Das entspricht einem Nahrungseiweißanteil von ungefähr 20 Prozent. Nach den Tagesetappen empfiehlt es sich, ohne Hast *Eiweißkonzentrate oder Proteintrünke* (Mischung aus 100 g Quark, 100 bis 200 g Magermilch, 100 ml Saft, 30 g Traubenzucker) zu konsumieren.

3. Gleich nach Beendigung der Tagesetappe ist mit der *Deckung des Flüssigkeitsdefizits* zu beginnen – zum Beispiel mit Fruchtsaft, Milch, Kakao oder Tee (zur Kompensation des Mineralienverlustes entsprechende Mittel zusetzen). Spezialrezept für einen wirksamen *Erholungstrunk*: 200 g Traubenzucker, 100 mg Vitamin B 1, 1 g Vitamin C, 2 g Kalium-Magnesium-Asparaginat, 4 g Kochsalz aufgelöst in 1,5 l Mineralwasser oder Fruchtsaft – über einen Zeitraum von mehreren Stunden in kleinen Portionen trinken (Nicht vor dem Wettkampf trinken!).

4. Die erste große und energiereiche Mahlzeit erst *ca. drei Stunden nach der Zieleinkunft* (in Ruhe!) einnehmen. Großen Wert auf Kohlehydratsubstitution und Eiweißzufuhr legen. Dabei sollte man das Eiweiß in leicht verdaulicher Form zu sich nehmen – gekochtes oder gegrilltes Fleisch vom Huhn, Kalb oder Rind, auch gedünstete Fischgerichte.

5. *Obst und Gemüse* sollte auf dem Speiseplan stark vertreten sein. Ratsam ist die Einnahme *zusätzlicher Vitamin-Präparate, besonders in Phasen erhöhter Belastung.*

6. Die Wettkampfnahrung soll *schmackhaft* sein und gern gegessen werden. Es hat keinen Sinn, dem Sportler streng nach Schema

irgendwelche Speisen aufzuzwingen. Individuelle Wünsche, wenn sie nicht zu stark von den Empfehlungen abweichen (Eisbein mit Sauerkraut!), sollten berücksichtigt werden.

Damit nichts schiefgeht

Auch wenn es um Spitzenleistungen geht: Übertriebene Angst vor Sportverletzungen und Fehlbelastungsschäden ist unangebracht. Wer in Training und Wettkampf mit Überlegung handelt, kann die meisten Gefahren und Problemsituationen von vornherein ausschließen. Dazu gehört die Beachtung wichtiger Grundregeln ebenso wie die Beherrschung ganz spezieller Fahrtechniken.

Anzugsordnung

Zur notwendigen *Fahrerausrüstung* – Schutzhelm, Schutzbrille, Stiefel usw. – haben wir schon am Anfang des Buches detaillierte Hinweise gegeben. Trotzdem sind in Sachen Anzugsordnung noch einige Bemerkungen angebracht. Denn Enduro- und Moto-Cross-Veranstaltungen finden bei unterschiedlichsten Witterungsbedingungen statt. Auch bei Regen oder Kälte wird der laufende Wettbewerb nicht abgebrochen.

Ein alter Grundsatz: Es gibt kein verkehrtes Wetter, sondern nur verkehrte Kleidung. *Zweckmäßigkeit* ist gefragt.

Besonders für Enduro-Konkurrenzen muß die Ober- und Unterbekleidung sehr sorgfältig ausgewählt werden. Denn die einzelnen Fahretappen sind relativ lang, und an den Kontrollstellen reicht die Zeit manchmal gerade zum Tanken oder zu einer dringenden Reparatur, nicht aber zum Umziehen.

Bei niedrigen Temperaturen und Nässe ist natürlich ein *wärmender und wetterfester Dreß* erforderlich, da sonst die Arbeitsfähigkeit der Muskulatur entscheidend beeinträchtigt wird („feste" Unterarme!). Bei großer Hitze hingegen ist vor allem *luftdurchlässige* Kleidung wichtig. Es macht sich bezahlt, am Morgen vor dem Start noch einmal den Radiowetterbericht zu hören.

Auch bei den (relativ kurzen) *Moto-Cross-Rennen* ist in puncto Anzugs-Ordnung etwas Umsicht vonnöten, damit es nicht zu Unterkühlungen (Winter-Moto-Cross!) oder – im anderen Extremfall – zur Überhitzung des Körpers kommt. Wobei ja schon durch die Sicherheitsmontur ein gewisser Wetterschutz gewährleistet wird.

Selbst beim Training ohne Motorrad ist auf passende Kleidung zu achten. Beispielsweise sind für das Lauftraining in der kalten Jahreszeit nicht nur Trainingsanzug und passendes Schuhwerk, sondern auch Handschuhe und eine Kopfbedeckung empfehlenswert.

In Sachen Anzugsordnung: Zweckmäßigkeit zahlt sich aus

Übrigens: Ein für Ausdauerläufe ungeeigneter Sportschuh kann zu Schienbeinschmerzen, Achillessehnenbeschwerden und zu Verstauchungen im Sprunggelenk führen. *Ein guter Schuh* sollte sich durch eine breite, nicht zu weiche Laufsohle, eine straffe Seitenführung (seitliche Schnürstreifen im Oberleder) und eine weiche, etwas nach vorn gezogene Fersenkappe auszeichnen. Günstig sind zudem eine das Fußgewölbe unterstützende Einlage und ein Sohlenprofil, das eine leichte Drehbewegung – typisch für den Bewegungsablauf beim Laufen – auf dem Untergrund problemlos zuläßt.

Auch auf dem Asphalt oder auf dem Hallenparkett muß ein gewisser Schlupf immer gewährleistet sein, weil die Drehbewegung sonst in Richtung Sprunggelenk, Knie und Hüfte weitergeleitet wird, was Beschwerden verursacht. Deshalb ist beim Kauf der Schuhe auch darauf zu achten, daß sie *nicht zu eng* sitzen: Auf keinen Fall sollte man beim Kauf von Sportschuhen übertriebene Sparsamkeit walten lassen. Billigprodukte haben zwar Preisvorteile, dafür aber ergonomische Risiken.

Erwärmungsprogramm

Um Verletzungen vorzubeugen, sollte jedes Training und jeder Wettkampf mit einem *Erwärmungsprogramm* eingeleitet werden. Dauer: etwa 10 Minuten (siehe im Abschnitt „Vor dem Kreistraining: Erwärmung"). Hierbei ist eine Herzfrequenz von mindestens 120 Schlägen pro Minute anzustreben, die mit einer deutlichen Schweißabsonderung verbunden sein muß.

Der Effekt der Erwärmung ist eine erhöhte Durchblutung und Auflockerung der Muskulatur, der Sehnen und des Bindegewebes, was eine deutliche Elastizitätsverbesserung bringt – ein guter Schutz vor Muskel- und Sehnenrissen!

Überdies profitieren von der Erwärmung die Bewegungskoordination und Reaktionsschnelligkeit. Die Leistungsbereitschaft der Muskulatur wird insgesamt erhöht.

Daß die Erwärmung speziell die *Kraftentfaltung* positiv beeinflußt, verdeutlicht folgendes Beispiel:

Während eines Trainingslagers wurde bei Moto-Cross-Sportlern vor dem Start zu einem Testrennen mit Hilfe eines Handdynamometers (Kraftmesser) die isometrische Kraft der Hand- und Fingermuskulatur gemessen. Nach einer Fahrzeit von 15 Minuten wurde die Messung unmittelbar hinter der Ziellinie wiederholt. Entgegen den Erwartungen erreichten nahezu alle Sportler höhere Werte. Grund: Die relativ kurze Belastung wirkte hier offensichtlich wie eine etwas längere Erwärmung, und dies führte zu einer bemerkenswerten Erhöhung der muskulären Leistungsfähigkeit.

Richtige Belastung

Die *Trainingsbelastung* sollte stets *individuell dosiert* werden, damit Über- oder Unterforderungen tunlichst vermieden werden. Der Zusammenhang ist einfach: Die Belastung bringt nur dann eine Leistungssteigerung, wenn die gestellten Aufgaben einerseits erhebliche physische und psychische Anstrengungen fordern, andererseits die realen Möglichkeiten des Sportlers nicht überschritten werden.

Einige *Grundprinzipien* sollten dabei unbedingt beachtet werden:

Nicht gleich in der ersten Woche: extreme Sprünge

08

1. Notwendig ist ein *langfristiger und systematischer Leistungsaufbau.* Mit Hau-Ruck-Aktionen werden lediglich Überlastungsschäden provoziert. Das ist natürlich auch beim Fahrtraining der Fall: Ein zu schwieriges Gelände oder ein extrem harter Moto-Cross-Kurs (beispielsweise mit steilen Auf- und Abfahrten oder scharfen Sprunghügeln) können den Anfänger vor gefährliche Probleme stellen.

2. *Das Verhältnis von Belastung und Erholung* muß stimmen. Die Erholung sollte deshalb regelrecht geplant werden (auch Kompensationstraining und Saunabesuche). Wir haben bereits erwähnt, daß der menschliche Bindegewebs- und Stützapparat etwa 8 bis 24 Stunden zu seiner Erholung benötigt.

3. Die Belastung der Nachwuchssportler muß betont *vielseitig* aufgebaut werden. Hier ist viel Fingerspitzengefühl notwendig.

4. Auch die *psychischen Anforderungen* dürfen nicht gleich übermäßig hochgeschraubt werden. So wird ein Fahrer, der viele unbewältigte Angst- oder Streßerlebnisse mit sich herumschleppt, nie Spitzenleistungen vollbringen.

Beim *Krafttraining* müssen extrem gelenk- oder wirbelsäulenbelastende Übungen vermieden werden. Man beachte:

Keine Tief-, sondern nur Halbkniebeugen!
Keine Hockstrecksprünge mit Zusatzlast oder gegen einen Expanderwiderstand!
Beim Bankdrücken Keil unter das Gesäß legen oder Beine anhokken und Füße auf die Bank setzen!
Beim Anreißen eines Gewichtes auf dem Liegebrett Oberkörperaufrichten mit Hohlkreuzbildung vermeiden!
Beim Oberkörperaufrichten in Rückenlage Füße nicht fixieren!
Oberkörperaufrichten in Bauchlage (auf dem Kasten oder Bock) maximal bis zur Horizontale!
Beineheben aus dem Schwebehang (Sprossenwand) nur aus einem Winkel von etwa 20 bis 30 Grad zwischen Beine – Wand!
Generell: Hohlkreuzbildung vermeiden!

Kompensationstraining

Vom Kompensationstraining wird noch viel zu wenig Gebrauch gemacht, obwohl seine positiven Wirkungen zweifelsfrei nachgewiesen wurden. Gerade in der Wettkampfsaison kann es wichtige Aufgaben erfüllen.

Worum geht es? Kompensationstraining ist ein *spezielles Training mit niedriger Intensität* zur optimalen Verarbeitung vorangegangener intensiver Trainingsbelastungen. Es dient gleichzeitig zur Erhöhung der Belastbarkeit für nachfolgende intensive Trainingseinheiten.

Kompensationstraining soll auch eine psychische Entspannung bringen. Um zu verhindern, daß die beim intensiven Training gerade belasteten Teile des Bindegewebs- und Stützsystems erneut beansprucht werden, sollte das Kompensationstraining keinen sportartspezifischen Charakter annehmen.

Geeignete Trainingsformen: *Schwimmen, leichte Gymnastik (möglichst im Liegen oder Sitzen, ohne statische Belastung), Dehnübungen oder leichte Spiele.* Auch Entspannungsbäder und Saunabesuche können wirkungsvoll zur Verarbeitung von hohen Trainingsbelastungen beitragen. Sogar innerhalb einer Trainingseinheit (z. B. Kraftausdauer-Kreistraining) lassen sich Kompensationseffekte erzielen. Beispielsweise indem die Belastungsarten zielgerichtet gewechselt oder gymnastische Übungen eingefügt werden.

Für die durch das Training stark belastete, gestauchte Wirbelsäule (Krafttraining, Fahrtraining) bietet sich in diesem Zusammenhang die sogenannte *Extension* an – eine sanfte Zugentlastung.

Die Wirkung der Extension: Auflockerung der Bandscheiben, Beseitigung eventueller Gefügeverschiebungen im Wirbelkörperbandscheibensystem.

Die Durchführung der Extension: mit verstellbarem Extensionshocker oder als Partnerübung – Körperhaltung wie auf den Abbildungen. Wichtig ist, daß das Gesäß etwa 10 Zentimeter über dem Boden in der Schwebe ist. Dabei sollte die Dauer der Extension etwa 10 Minuten betragen.

Die Extension läßt sich auch durch einen einfachen Schwebehang am Reck oder an der Sprossenwand praktizieren. Allerdings kommt es bei dieser Ausführung nicht zu einer wirkungsvollen Entlastung des „Wetterwinkels“ der Wirbelsäule, der Bandscheibe zwischen dem 5. Lendenwirbel und dem 1. Kreuzbeinwirbel (Ausgangspunkt der Ischiasbeschwerden!).

Nach mehreren intensiven Trainingseinheiten sollte planmäßig eine *reine Kompensationseinheit* eingeschoben werden – beispielsweise mit Extension, Dehnübungen und Sauna.

Was kann die Sauna?

Die Sauna wird oft als Trainingsmittel angesehen und in ihrer Wirkung überschätzt. Sie bringt jedoch einen sehr guten *Kompensationseffekt* nach hartem Training bzw. nach Wettkämpfen. Da beim Saunabesuch die Durchblutung der Haut und der Muskulatur verbessert wird, kommt es zu einem schnellen Abtransport von störenden Stoffwechselprodukten (z. B. Milchsäure) aus der Muskulatur. Ergebnis: schnellere Entspannung und Erholung.

Mit dem Schweiß wird ein Teil der „Stoffwechselschlacke" umgehend aus dem Körper ausgeschieden. Das Bindegewebs- und Stützsystem wird wohltuend erwärmt und gelockert. Der Wärme-Kälte-Wechsel trainiert die Elastizität der Blutgefäße (wichtig für die Verhütung von Erkältungsinfekten). Zudem wird durch die Erhöhung der „Kerntemperatur" des Organismus eine unspezifische Reizung des Immunsystems im Sinne einer Aktivierung provoziert (ähnlich der Fieberwirkung bei der Abwehr von Infekten).

Auf das Nervensystem wirkt die Sauna entspannend. Außerdem hat sie schlaffördernde und psychisch stabilisierende Wirkungen. Nach der Sauna fühlt man sich frisch und gelöst. Ein altes finnisches Sprichwort sagt: „In der Sauna verraucht der Zorn".

Achtung: Zwischen Sauna und Wettkampf sollte ein Zwischenraum von 2 bis 3 Tagen liegen, damit sich der Flüssigkeits- und Mineralhaushalt wieder ausgleichen kann. Nach der Sauna gezielt etwas trinken (siehe im Abschnitt „Flüssigkeitszufuhr – Mineralien").

Dehnübungen

Das Stichwort *Dehnübungen* ist bereits mehrmals gefallen.

Was können Dehnübungen?

1. Dehnübungen verhindern, daß sich einseitig beanspruchte Muskulatur verkürzt. Dadurch wirken sie muskulären Dysbalancen und der Überlastung der Sehnen entgegen.
2. Dehnübungen erhöhen die Beweglichkeit in den Gelenken.
3. Dehnübungen lockern die Muskulatur und schützen so vor Zerrungen und Muskelrissen.

Wie wird gedehnt?

Die Dehnung passiert *aktiv* durch die Kraft der Antagonisten (Gegenspieler) oder *passiv* durch andere Muskelgruppen oder Übungspartner.

Die passive Art der Dehnung ist die wirkungsvollere. Dabei gibt es *zwei Varianten*:

1. Kurze, sich wiederholende Reize, z. B. durch Schwungübungen – günstig bei der Trainings- und Wettkampfvorbereitung.
2. Dauerdehnungen, bei denen der jeweilige Muskel etwa 10 Sekunden lang vorsichtig bis zur Schmerzgrenze gedehnt wird (etwa 6 Wiederholungen) – bevorzugt nach der Belastung.

Unbedingt beachten: Jeder *Dehnung* muß eine gründliche *Erwärmung* vorausgehen!

Dehnübungen, die für das Enduro- und Moto-Cross-Training ratsam sind

1. Wadenmuskulatur

Schrägstand, die Hände stützen sich an der Wand (bzw. Sprossenwand oder andere Barriere) ab, die Fersen bleiben am Boden – durch Anbeugen der Arme (ähnlich wie beim Liegestütz) den Winkel zwischen Unterschenkel und Fußboden verkleinern,

– wechselndes Heben der Füße in den Zehenstand und nachfolgendes Absenken der Fersen auf den Boden.

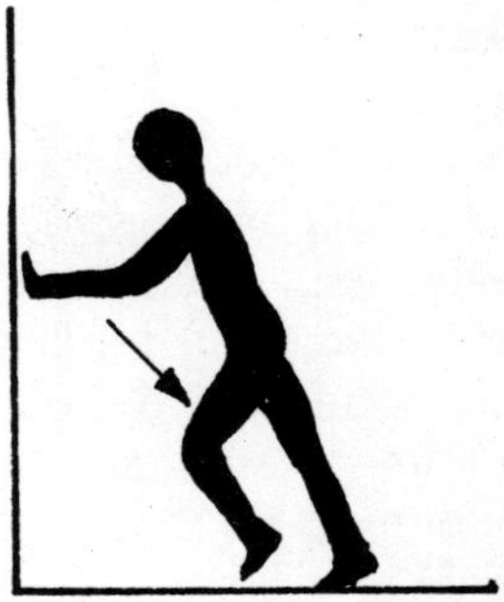

2. Gerader Schenkelmuskel
Stand auf einem Bein – durch die Hand das am Fuß gefaßte Schwungbein mit der Ferse zum Gesäß führen.

3. Schenkelanzieher
Seitlicher Ausfallschritt – wechselweises Hinüberneigen des Oberkörpers zum gestreckten Bein hin.

4. Rückenstrecker
Strecksitz mit leicht im Knie angewinkelten Beinen – mit Hilfe der die Oberschenkel umfassenden Hände den Oberkörper soweit wie möglich nach vorn in Richtung Knie ziehen.

5. Nackenmuskulatur
Sitz auf einem Hocker, Arme in Nackenhalte – Kopf mit dem Kinn zur Brust ziehen.

6. Großer Brustmuskel
Arm- und Mühlkreisen rückwärts, Federn der Arme in die Seit- und Hochhalte.

Grundsätzlich: Die Muskelgruppen, die beim Grundlagenausdauer-, Kraft- und Fahrtraining am meisten beansprucht werden (Ermüdungserscheinungen!), müssen beim Dehnungsprogramm im Mittelpunkt stehen.

Fahrtraining und Wettkampf

Schutz vor spezifischen Verletzungen

Enduro und Moto-Cross sind sehr *harte, aber relativ ungefährliche* Sportarten. Vieles ist nur halb so riskant, wie es auf den ersten Blick anmutet. Beispiel Moto-Cross: Die Durchschnittsgeschwindigkeit auf der Gelände-Piste darf 50 km/h nicht überschreiten. Bei ausreichenden Sicherheitsräumen gehen Stürze im allgemeinen meist glimpflich aus.

Natürlich kann es bei Stürzen oder bei Kollisionen mit festen Hindernissen auch zu problematischen Verletzungen kommen. Dies sind hauptsächlich:

Meist gehen Stürze glimpflich aus

Fahrerisches Können bewahrt vor unfreiwilligen Abstiegen

Achtung: Bei Cross-Stürzen auf die nachfolgenden Fahrer achten

- Schlüsselbeinfrakturen,
- Schultereckverrenkungen,
- Thoraxprellungen,
- Rippenfrakturen,
- Kopfverletzungen (besonders Frakturen im Gesichtsbereich),
- Distorsionen im Sprung- oder Kniegelenk (einschließlich Meniskusverletzungen),
- Verbrennungen (z. B. durch Berührung mit der Auspuffanlage),
- Augenverletzungen (durch Steinschlag),
- Wirbelsäulenprellungen.

Wie kann man sich vor solchen Verletzungen schützen?

Eine wirkungsvolle Verletzungsprophylaxe ist bereits durch die erwähnte *Fahrerausrüstung* garantiert (Schutzhelm, Handschuhe, Stiefel etc). Die Auswahl der einzelnen Utensilien sollte sehr sorgfältig getroffen werden. Sparsamkeit ist hier auf keinen Fall angebracht.

Für eine direkte, gezielte Unfallprophylaxe sind ein gediegenes *fahrerisches Können* und *gute Kondition* das A und O. Wir haben in den vorangegangenen Kapiteln gezeigt, wie man beides durch fleißiges Training erwerben kann. Bei gut trainierten Spitzenfahrern ist die

Verletzungshäufigkeit ungleich geringer als bei Sportlern, die es mit der körperlichen oder fahrerischen Ausbildung nicht so genau nehmen. Es gibt zahlreiche Enduro- und Moto-Cross-Spezialisten, die in ihrer langjährigen Laufbahn nie ernsthaft verletzt waren!

Dabei ist es besonders von Vorteil, wenn man im Falle eines nicht mehr zu verhindernden Sturzes möglichst gefahrlos „absteigen" und von der Maschine loskommen kann.

Beim *Stürzen* nicht krampfhaft am Lenker festklammern. Man muß unbedingt versuchen, nicht im Sattel der Maschine zu stürzen (zusätzliche Verletzungsgefahr!), sondern sich vom Motorrad abzudrücken – genau in dem Augenblick, wo man reaktionsschnell einen weichen Untergrund ausgemacht hat. Ratsam ist, sich abzurollen und auf einer breiten Körperfläche zu landen (Schultergürtel, Rükken). Dazu wie ein Igel einrollen und die Arme so weit wie möglich als Kopfschutz einsetzen.

Nach dem Aufstehen nichts überhasten. Vor dem Weiterfahren die *Funktionstüchtigkeit des Motorrads* kontrollieren (Bremsen, Fahrwerk!). Im Zweifelsfalle lieber das Rennen aufgeben, als Kopf und Kragen riskieren.

Im übrigen kann man mit „Trockenübungen" (also ohne Motorrad) ein regelrechtes Sturztraining durchführen. Beispiel: Rolle vorwärts über einen Kasten, beziehungsweise eine gespannte Schnur. Gut geeignet sind auch Judoübungen, bei denen die Falltechnik ständig mitgeschult wird.

Nicht nur bei Stürzen, sondern auch in anderen Fahrsituationen gibt es *Verletzungsrisiken.* Beispielsweise kommt es häufig zu Distorsionen (Verstauchungen, Verdrehungen) im oberen Sprunggelenk – meist beim Versuch, eine in der Kurve wegrutschende Maschine mit dem Fuß abzufangen.

Es gehört zur gängigen Technik, beim Heranfahren an eine Kurve oder Spitzkehre das auf der Kurveninnenseite befindliche Bein zum Ausbalancieren und Abstützen von der Raste zu nehmen. *So macht man es richtig:*

Bein nicht gerade durchstrecken, sondern im Kniegelenk ganz leicht anbeugen. Im Sprunggelenk dabei Fuß und Unterschenkel so halten, daß dazwischen ein Winkel von 70 bis 90 Grad entsteht. Kontakt zum Boden mit der Ferse suchen, während die Zehen extrem

In der Kurve: richtige Bein- und Fußhaltung

nach oben gezogen werden. Auf diese Art und Weise entsteht ein *fester Kraftschluß* zwischen Fuß und Unterschenkel.

Den anatomischen Gegebenheiten des oberen Sprunggelenkes entsprechend, das durch das Sprungbein und die Knöchelgabel des Unterschenkels gebildet wird, ist das Sprungbein nach vorn und unten breiter als hinten und oben. Dadurch wird es beim Anheben des Fußes fest in die Knöchelgabel gepreßt, der seitliche Bewegungsspielraum wird gleich Null.

Hingegen sind bereits ab einem Winkel von 90 Grad zwischen Fuß und Unterschenkel seitliche Wackelbewegungen möglich. Und da wird es riskant: Trifft der Fuß in dieser Stellung am Boden auf ein Hindernis, kann er durch die ungenügende Fixierung im Sprunggelenk verdreht werden. Die Folge: Überdehnungen, Bänder- oder Gelenkkapselrisse, Knochenbrüche.

Noch ein Hinweis: Zur zusätzlichen Fixierung können vor dem Wettkampf die Sprunggelenke mit einer *elastischen Binde* umwickelt werden (in Achtertouren, siehe Abbildung). Dadurch wird der Kraftschluß zwischen Stiefeln und Fuß (bzw. Unterschenkel) verbessert.

Wie verhält man sich bei *Verdrehungen, Prellungen und Verstauchungen*?

Die betroffene Stelle fest umwickeln und kühlen. Eis auf den angefeuchteten Verband legen oder mit einwickeln (Eiswürfel im Plastebeutel). So werden Blutergüsse und Gewebsschwellungen verhindert oder wenigstens gemildert. Die weitere Behandlung sollte dann dem Arzt überlassen bleiben.

Viele Sportler klagen über schmerzhafte Verspannungen und Krämpfe im Handbereich, besonders über unangenehme Verspannungen der Unterarmstreckmuskulatur. Bei manchen setzen sich diese Beschwerden sogar bis in die Schultergürtel- und Rückenmuskulatur fort. Der Grund dafür ist meist ein *falsch eingestellter Lenker*, der zu einer unnatürlichen Haltung führt.

Deshalb noch einmal der Hinweis: Als Faustregel gilt, daß die Unterarme parallel zum Boden verlaufen sollen. Die Stellung des Lenkers, unter Umständen auch die Breite, muß unbedingt auf die individuellen Maße und Bedürfnisse des Fahrers abgestimmt werden. Kupplungs- und Bremshebel müssen so plaziert sein, daß sie sowohl im Stehen, als auch im Sitzen schnell und ohne Verrenkungen erreicht werden.

Die Lenkerstellung muß sich nach den Körpermaßen richten

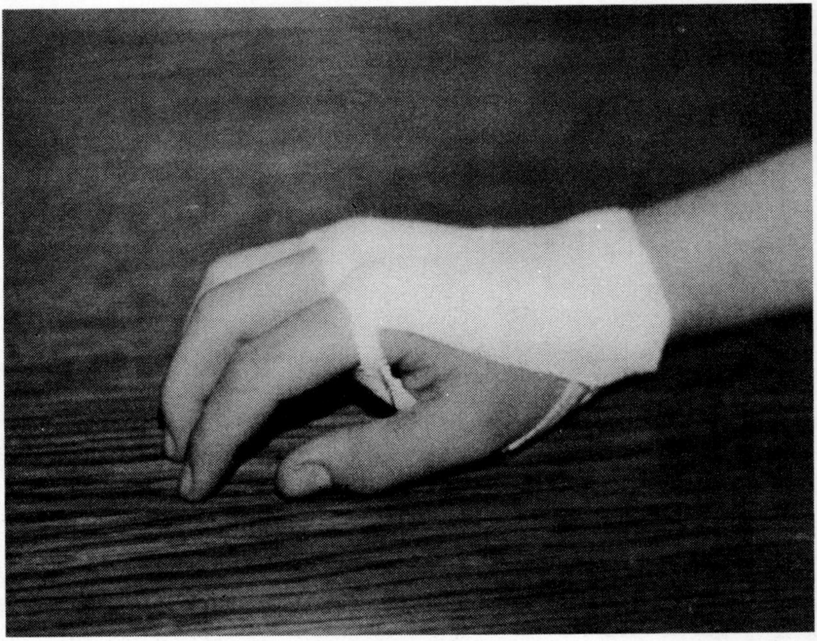

Schützt vor Blasen: Klebe-Bindemanschette

Auch die *Blasenbildung* an den Handinnenflächen kann zum Leistungshandicap werden. Bedingt durch die (sportartspezifische) hohe mechanische Beanspruchung der Haut, haben viele Enduro- und Moto-Cross-Fahrer mit diesem lästigen Übel zu tun.

Offene Blasen größeren Ausmaßes bedürfen nach Beendigung des Wettkampfes einer antiseptischen Behandlung: Sepso oder Jodtinktur auftupfen und danach eventuell einen Puder- oder Salbenverband anlegen. Die Hautreste der offenen Blasen stehenlassen oder nur etwas kürzen.

Hornhautschwielen im Innenhandbereich – eine zusätzliche Ursache für Blasenbildung – sollten regelmäßig mit einem Bimsstein abgeraspelt werden. Man kann sie vorher mit 3%iger Salyzilvaseline erweichen. Keinesfalls sollten die Schwielen mit scharfen Gegenständen bearbeitet werden (Verletzungsgefahr!).

Bei strapaziösen Enduro-Mehrtageswettbewerben kann man sich mit einer *Klebe-Bindemanschette* vor Blasenbildung schützen: Von einer 12 bis 16 Zentimeter breiten Pflaster-Klebebinde schneidet man ein 20 Zentimeter langes Stück so zurecht, daß für die vier Finger passende Löcher entstehen. Das Pflaster wird wie ein Handschuh ohne Fingerlinge angezogen (der Daumen bleibt frei) und an den beiden Handaußenkanten mit etwas Überlappung verklebt (siehe Abbildung).

Abschließend noch etwas Grundsätzliches: Jeder Trainer und Betreuer, aber auch jeder aktive Enduro- oder Moto-Cross-Sportler sollte ein grundlegendes Allgemeinwissen über *Erste-Hilfe-Maßnahmen* besitzen.

Aufgabe der Ersten Hilfe bei Sportunfällen ist es, durch zweckentsprechendes, fachkundiges Handeln weitere Schädigungen – z. B. durch Verschmutzung der Wunden, anhaltende Blutungen, fehlende oder unzureichende Ruhigstellung, unsachgemäße Lagerung, falscher Transport – des Verletzten zu verhüten.

Der Verletzte muß so rasch wie möglich in *ärztliche Behandlung* überführt werden, begleitet von einem Verantwortlichen seines Sportkollektivs, der dem Arzt über den Unfallhergang und über die eingeleiteten Erste-Hilfe-Maßnahmen berichten kann.

Besonders im Enduro-Sport ist es wichtig, daß sich alle Akteure in der Ersten Hilfe auskennen. Denn in dieser Disziplin führt die Wettkampfstrecke oft kilometerlang über einsame Geländepfade, und bei einem Unfall ist dann der hinter dem gestürzten Sportler folgende Fahrer wahrscheinlich als Erster am Unfallort. Aus diesem Grund sollte mindestens einmal jährlich eine *Erste-Hilfe-Schulung* in das Trainingsprogramm aufgenommen werden.

Konditionsfeinde: Alkohol, Nikotin, Schlafmangel

Nicht nur Trainingsfaulheit wirkt sich hemmend auf die sportliche Leistungsfähigkeit aus. Zu den Hauptfeinden der individuellen Kondition zählen auch Alkohol, Nikotin und Schlafmangel. Wer mit ihnen auf Dauer sündigt, wird der Konkurrenz bald nur noch hinterherfahren. Der konditionelle Abfall ist gewissermaßen programmiert.

Alkohol

Das durch Alkoholgenuß hervorgerufene „Hochgefühl“ ist trügerisch. Bereits durch kleinere Alkoholmengen verringert sich die Muskelleistung, und auch die Muskelkoordination sowie die Reaktionsschnelligkeit werden negativ beeinflußt. Ein präziser Fahrstil ist nicht mehr möglich. Zusätzliche Problematik: Das gestiegene Selbstwertgefühl verleitet zu waghalsigen Aktionen, die womöglich mit einem Sturz enden.

Alkoholgenuß in größeren Mengen und über einen längeren Zeitraum führt zu einem *totalen Leistungsabfall.* Zudem wird die Leber erheblich belastet und langfristig auch geschädigt, da sie die (Alkohol-) Entgiftung des Blutes übernehmen muß.

Natürlich muß der Enduro- oder Moto-Cross-Akteur nicht zum absoluten Abstinenzler werden. Gegen ein, zwei Gläser Sekt zur Siegerehrung oder eine Flasche Bier als Schlaftrunk ist nichts einzuwenden. Doch alles, was deutlich darüber hinausgeht, ist mit dem sportlichen Tun unvereinbar. Und auch das muß klar sein: Am Renntag selbst gilt ein generelles Alkoholverbot bis zur Beendigung des Wettkampfes.

Nikotin

Eine unumstrittene Tatsache: Das im Tabak enthaltene Nikotin ist eines der stärksten *Gefäßgifte.* Es behindert die Durchblutung aller lebenswichtigen Organe. Dadurch wird sowohl die physische als auch die psychische Leistungsfähigkeit beeinträchtigt.

Im Bronchialsystem der Lunge kommt es durch das beim Rauchen inhalierte Nikotin zu einer Lähmung des Flimmerbesatzes der Schleimhäute. Die Folge: Die Selbstreinigung von feinsten Fremdkörperpartikeln (Staub, Ruß) funktioniert nicht mehr. Die Ausbreitung von Entzündungen und Infekten (Raucherbronchitis) wird begünstigt.

Das bei der Tabakverbrennung freiwerdende Kohlenmonoxid bindet das für den Sauerstofftransport des Blutes so wichtige Hämoglobin. Bei starken Rauchern werden auf diese Art und Weise bis zu 15 Prozent des Hämoglobins zweckentfremdet. Das Resultat: Die Sauerstofftransportkapazität des Blutes – von der Lunge zu den Geweben – wird erheblich reduziert. Unter derartigen Bedingungen sind sportliche Höchstleistungen einfach unmöglich.

Durch das Nikotin wird außerdem (wie beim Alkohol) die Funktion der Leber gestört, da diese für die Entgiftung sorgen muß. Darunter leidet dann auch die Speicherung des für die Ausdauerfähigkeiten bedeutsamen Glykogens. Und über die krebserregende Wirkung des Nikotins dürfte mittlerweile jeder Bescheid wissen.

Spektakulär für die Fans, aber gefährlich

STILMOTOR
12

Schlußfolgerung: Rauchen und Sport sind miteinander unvereinbar.

Schlafmangel

Das Schlafbedürfnis ist auch bei Sportlern individuell ziemlich unterschiedlich. Allerdings: Für eine hohe Leistungsfähigkeit ist ein ununterbrochener Nachtschlaf von 7 bis 8 Stunden Voraussetzung. Er sollte deshalb stets gewährleistet sein. Ansonsten leidet die körperliche Form ganz erheblich.

Natürlich kann es in der Nacht vor einem großen Wettbewerb zu Schlafproblemen kommen. Die nervliche Anspannung, Aufregung und mitunter auch Angst lassen den Akteur nicht die nötige Ruhe finden. Das ist jedoch kein Grund zur Besorgnis, denn nach den Erkenntnissen der Sportwissenschaft hat eine schlaflose Nacht auf die Leistungsfähigkeit noch keinen merklichen Einfluß. Der Griff zur Schlaftablette sollte deshalb unterbleiben.

Das Wettkampfgerät Motorrad

Instandhaltungstraining

Beim Instandhaltungstraining wird die schnelle und exakte Ausführung von Reparatur- und Wartungsarbeiten geübt. Für den *Enduro-Sportler* ist dies enorm wichtig, denn während des Wettkampfes auftretende Schäden müssen von ihm ohne fremde Hilfe behoben werden. Er darf bei Reparaturen nie soviel Zeit verlieren, daß er an der nächsten Kontrolle wegen Verspätung Strafpunkte kassiert oder gar wegen extremer Zeitüberschreitung ausscheidet.

Technisches Verständnis allein reicht hier nicht aus. Jeder Enduro-Sportler muß seine Maschine genauestens kennen. Er sollte in der Lage sein, das Motorrad von A bis Z auseinanderzunehmen und wieder zusammenzubauen. Defekte müssen erkannt werden, ehe die Maschine zum Stehen kommt – z.B. das Aussetzen einer Kerze oder eine gestörte Kraftstoffzufuhr.

Bestimmte Standard-Reparaturen sollte man während des Fahrtrainings im Gelände unter Zeitdruck (Stoppuhr!) üben. Am wichtigsten: Reifen- bzw. Schlauchwechsel. Denn Pneuschäden treten bei Enduro-Wettbewerben ziemlich häufig auf. Spitzenfahrer schaffen den Reifenwechsel in dreieinhalb Minuten! Ebenso sollten das Wechseln des Luftfilters und der Bowdenzüge oder die Reparatur der Antriebskette geübt werden.

Auch beim *Moto-Cross* sollte der Akteur mit seiner Zweiradtechnik bestens vertraut sein und Reparaturerfahrung haben. Nicht jeder hat im Fall des Falles gleich einen versierten Mechaniker zur Hand, und selbst der beste „Schrauber“ kann mal mit seinem Latein am Ende sein. Außerdem: Nur wer seine Maschine genau kennt, kann sie auch effektiv ausfahren.

Technische Überprüfung per Checkliste

Eine sorgfältige Kontrolle und Wartung der Motorradtechnik ist in den Geländedisziplinen besonders wichtig. Bei mehrtägigen Enduro-Wettbewerben wird der dafür notwendige Aufwand sehr hoch. Günstig ist deshalb eine *Checkliste*, nach deren Vorgaben das Motorrad vor dem Start rundum systematisch überprüft wird. Jede erledigte Position kann abgehakt, nichts vergessen werden.

Wonach richtet sich die *Reihenfolge der Kontroll- und Wartungspositionen*? Ganz einfach: Sie wird so festgelegt, daß die Werkzeugschlüs-

Zehn Minuten vor dem Enduro-Start: Alle Handgriffe müssen sitzen

Muß auch trainiert werden: Bowdenzugwechsel

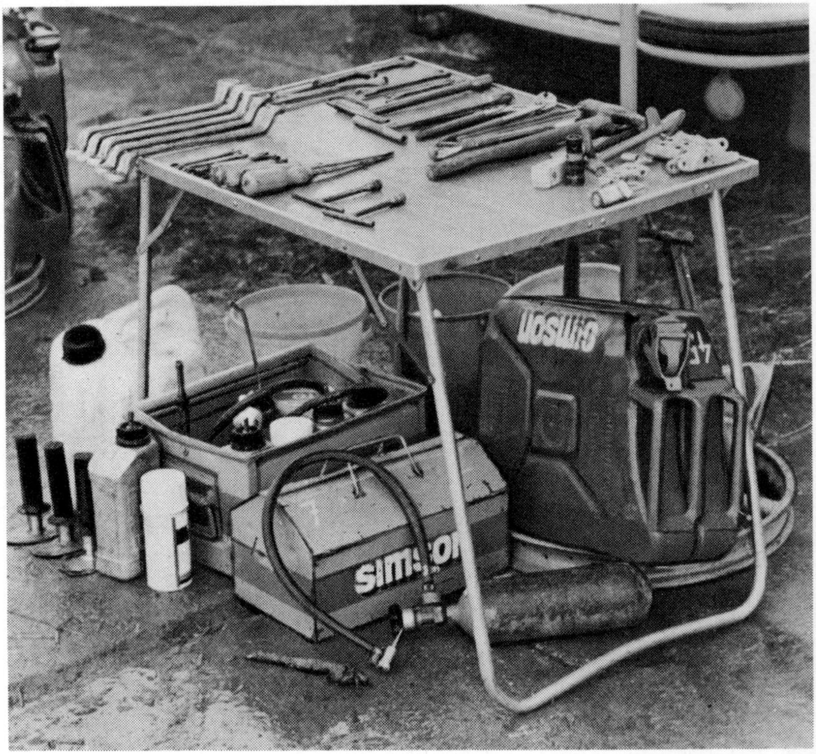

An der Kontrollstelle: Werkzeuge und Utensilien liegen wohlgeordnet griffbereit

Endurotypische Standardübung:
Reifenwechsel

sel so wenig wie möglich gewechselt werden müssen. Das spart Zeit.

Beispiel: Erst kommen hintereinander die Positionen, für deren Schrauben bzw. Muttern ein 17er Schlüssel benötigt wird. Dann folgt der Einsatz des 13er Schlüssels, dann der Einsatz des 10er usw.

Ein praktisches Beispiel, auch für Moto-Cross-Fahrer.

Wir veröffentlichen hier die Checkliste, mit der 1987 bei den 62. Six Days die Simson-Enduros vor dem Start bis ins Detail überprüft wurden. Sie enthält folgende Kontroll- und Wartungspositionen:

1. Funktion der Lichtanlage/Stopplicht
2. Kette ordnungsgemäß genietet?
3. Sicherung des Kettenritzels
4. Schmierung der Kette
5. Festsitz der Kettenkapsel
6. Festsitz des Deckels der Kettenkapsel
7. Einstellung der Fußbremse
8. Sicherung des Bremsgestänges
9. Festsitz des Kettenkastens (falls vorhanden)
10. Getriebeölkontrolle / Sicherung der Ablaßschraube
11. Kühlwasserkontrolle
12. Abdichtung des Lichtmaschinendeckels
13. Festsitz des Lichtmaschinendeckels / Entlüftungsschlauch kontrollieren
14. Bremsflüssigkeitskontrolle
15. Speichenkontrolle und -sicherung
16. Tachometerfunktion
17. Luftkastenbefestigung
18. Filterbefestigung
19. Dichtheit des Luftkastendeckels
20. Stoßdämpfer oben fest?
21. Werkzeugkontrolle
    Maulschlüssel 8 × 10 / 10 × 13 / Kombizange / kurzer Schraubendreher / Kerzenschlüssel / Ersatzkerze / Kettenbrecher / 2 Kettenschlösser und -zwischenglieder / Bindedraht / Klebeband / 19er Ringschlüssel mit Montierhebel / Montierhebel / Ersatzschlauch / Gummiringe / Ersatzschalthebel / Co_2-Flasche mit Schlauch / Ersatzgaszug
22. Tank abbauen, dann Kontrolle: Kühlerschläuche oben und Überlaufschlauch, Silentgummi-Kontrolle, Kontrolle der Stecker der Elektrikbox

23. Tank befestigen
24. Festsitz des Kotflügels unter der Sitzbank
25. Sitzbankverriegelung
26. Spritzschutz des Kotflügels
27. Dichtkappe Luftkasten – Wasserablauf
28. Spritzschutz am Luftkasten
29. Festsitz des Spritzschutzes am Rahmen
30. Steuerkopfmutter
31. Gabelverschluß
32. Klemmschrauben der Gabelführung
33. Gummi zur Lampenhalterung
34. Lenkerbefestigung
35. Handhebelkontrolle / Sitz des Deckels vom Hydraulikbehälter
36. Kontrolle des Gasgriffs
37. Kontrolle: Verlegung des Gaszugs / Kupplungszug, Luftkorrektorzug
38. Festsitz und Sicherung des Luftkorrektorhebels
39. Festsitz der Kontermutter zur Stellschraube
40. Verlegung des Bremsschlauchs
41. Festsitz des Bremsschlauchs, oben und unten
42. Bremsschlauchführung und -befestigung am Holm
43. Kotflügel vorn
44. Kotflügelhalter
45. Bremssattel / Sicherung der Bremsbacken / Imbusschraube / Entlüftungsschraube
46. Sichtkontrolle der Bremsscheibe
47. Festsitz der Aufnahme der Bremsscheibe
48. Vorderachse
49. Klemmfaust rechts/links
50. Stoßdämpfer der Vordergabel
51. Tachowelle / Tachohalter / Festsitz des Tachos
52. Ablaßschrauben des Gleitrohrs
53. Typenschild / Rahmennummer-Kontrolle
54. Triebsatzbefestigung
55. Zylinderkopfstrebe
56. Zylinderkopf / Auspuffflansch
57. Zündkerze / Schraubnippel / Kerzenstecker
58. Motorbleche
59. Festsitz und Sicherung des Unterzugs
60. Seitenständer / Fußrasten

61. Silentgummi des Kühlers
62. Kühlerverkleidung / Kühlergitter
63. Schraubverbindungen an den Kühlerschläuchen
64. Vergaserklemmung / Festsitz des Vergaserdeckels
65. Ansaugmanschette
66. Luftkorrektor am Vergaser / Luftschläuche
67. Festsitz und Sicherung des Benzinschlauchs
68. Ablaßschraube
69. Festsitz der Kontermuttern zur Stellschraube der Fußschaltung
70. Kickstarter
71. Fußschalthebel
72. Fußbremshebel
73. Schwingenbolzen
74. Feder zum Auspuff
75. Auspuffhalter
76. Klemmschelle des Zwischenrohrs
77. Verlegung des Zwischenrohrs
78. Dämpferaufhängung
79. Startnummer rechts
80. Kotflügel hinten
81. Startnummer links
82. Polizeiliches Kennzeichen / Vergleich der Zulassungsdaten / Rahmennummer
83. Halterung der Reifenfüllflasche
84. Kettenspannung
85. Hinterachse / Sicherung der Distanzrolle
86. Kettenspanner und Kontermutter
87. Kettenkastenaufhängung
88. Kettenkastenschrauben
89. Sicherung des Kettenschlauchs
90. Bremszugstrebe hinten
91. Bremshebel der hinteren Ankerplatte
92. Hebelbefestigungen
93. Stoßdämpfer oben und unten / Festsitz der Stellringe
94. Startnummern (gleichmäßige Anbringung)
95. Hupe und Spiegel
96. Verschlußkappe zum Benzineinlauf des Vergasers
97. Reifenluftdruck / Ventile dicht? / Ventilkappen
98. Kraftstoffkontrolle / Tankdeckel / Festsitz des Benzinhahns
99. Festsitz der Seitenverkleidung

Nach dem Wettkampf ist die Reinigung des Motorrads unumgänglich

Wichtig vor dem Start:
Kontrolle des Reifenluftdrucks

Nach der Ankunft der Fahrer im Tagesziel werden in den wenigen Minuten, die bis zur Ziel-Zeit verblieben, hauptsächlich folgende Wartungsarbeiten erledigt:
Reinigung wichtiger Bauteile und Sichtkontrolle
Kontrolle: Festsitz der Speichen
Kontrolle der Felgen
Reifenwechsel
Auftanken
Kontrolle des Gasbowdenzugs

Am Morgen des nächsten Starttages stehen jeweils ein kurzer Rundum-Check und übliche Wartungsarbeiten an. Zwei wichtige Punkte:
- Spannen und Schmieren der Antriebskette
- Herstellung des korrekten Reifenluftdrucks (Prüfen, ob das Ventil dicht ist!)

Von diesem praktischen Beispiel für eine Startvorbereitung können garantiert auch Moto-Cross-Fahrer profitieren, da es in der Motorradtechnik keine grundsätzlichen Unterschiede gibt.

Enduro oder Moto-Cross?

Enduro oder Moto-Cross? Für welche Disziplin soll man sich entscheiden? Diese Frage kann für junge Motorsport-Einsteiger zum Problem werden.

Enduro oder Moto-Cross? In unserer Trainingsanleitung steht alles über Besonderheiten, Gemeinsamkeiten und Unterschiede. Auch über die speziellen Anforderungen wird viel gesagt.

Die Entscheidung, die reiflich überlegt sein sollte, muß jeder selbst fällen. Dabei müßten sowohl die persönlichen Interessen, als auch die persönliche Mentalität in Rechnung gestellt werden. Schon deshalb, weil sich die beiden Gelände-Disziplinen auch in den psychischen Anforderungen erheblich unterscheiden.

Wer willens ist, sich auf Langstrecken-Distanzen und in anspruchsvollen Spezialaufgaben zu bewähren, den wird es sicherlich in Richtung Enduro ziehen.

Wer die direkte Auseinandersetzung mit dem sportlichen Gegner sucht und zum kompromißlosen Vollgas-Stil tendiert, der ist vielleicht beim Moto-Cross richtig.

Auch das laut Wettkampfbestimmung mögliche Einstiegsalter ist zu berücksichtigen. Beim Moto-Cross darf man mit 12 Jahren beginnen, im Enduro-Sport mit 16. Denkbar wäre also sogar folgende Variante: Man startet mit 12 Jahren beim Moto-Cross und steigt dann mit 16 zum Enduro um. Oder übt erst einmal beim Fahrrad-Trial.

Man kann natürlich auch in beiden Disziplinen erfolgreich sein. Das ist aber ziemlich aufwendig. Besser ist es, sich rechtzeitig für Enduro o d e r Moto-Cross zu entscheiden.

Bewährung auf Langstrecken-Distanzen: Enduro

Mit Vollgas auf der Rundstrecke: Moto-Cross

Inhalt

Damit nichts schiefgeht

Das Wettkampfgerät Motorrad